suncolor

suncolor

我決定簡單的生活

從斷捨離到極簡主義
丟東西後改變我的⑫件事！

佐佐木典士／著
游韻馨／譯

suncol 三采文化

Maximalist

Minimalist

Minimalist

極簡主義者

右頁兩張照片都是我的房間，

過去的我無法丟東西，囤積一大堆雜物。

十年沒搬過家，就連生活形態也停滯不前。

就在此時，我接觸到

將生活物品減至最低限度的

「極簡主義」。

從此我擺脫垃圾屋，成為一位極簡主義者。

東西減少後，我也蛻變成截然不同的自己。

How to be a minimalist

邁向極簡主義者

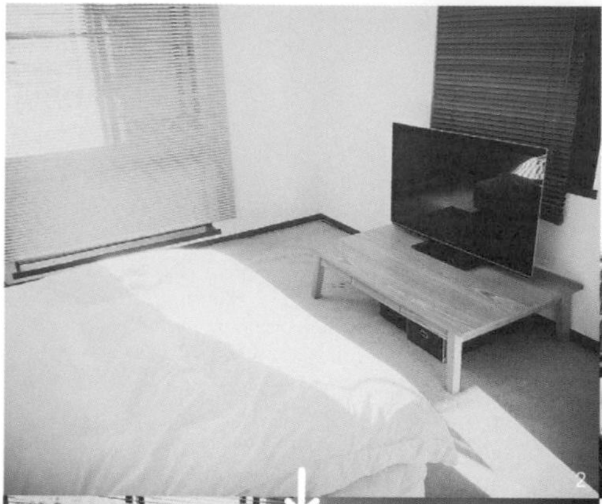

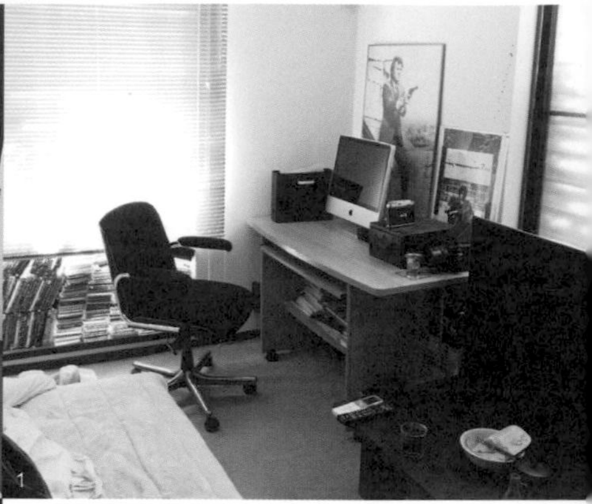

1. 我想要擺脱前頁介紹的垃圾屋，留下自己喜歡的物品，打造出只要確實整理，看起來就很整潔的普通房間。
2. 丟掉所有書籍，不再使用書桌椅，整個空間感覺清爽俐落。只要維持這個狀態，就能輕鬆實踐簡單生活。
3. 丟掉床墊、矮桌與電視機。將置物櫃當成桌子，過著修行僧般的生活。

Maximalist Life

這是我以前的房間

1. 明明只有三坪大，卻放了兩張沙發。衣服一脱下就隨手亂放，簡直比印象派藝術作品更難以捉摸。
2. 在髒亂不堪的書桌上喝啤酒、吃零食、打電動。這樣的生活使人發胖，絕對要捨棄！
3. 我曾經很喜歡在拍賣網站收集古董相機、不明所以的燈具。
4. 走廊上一整面牆都是書櫃。CD 與 DVD 只是買來放著，完全沒聽也沒看，真的很浪費。

Case

01

Sasaki
Fumio

極簡主義者的樣品屋

十年後我終於決定搬家。
選擇一間「極其普通」的房間，只有一房一廚，大小為二十平方公尺。
這個什麼都沒有的「房間」，正是單身極簡主義者的樣品屋。

這是睡覺時的狀態。IRIS OHYAMA 的空氣床墊是極簡主義者的寶物，
從早晨的陽光中醒來，也成為生活的一大樂事。

我平時會下廚，家中餐具只有一人份，全都是最常用的物品。
全部清洗也不花太多時間，餐具造型也走極簡風。

我的衣櫥。從羽絨外套到西裝一應俱全，以白襯衫為主，我希望能打造接近賈伯斯那種「個人制服」感的造型風格。

我不放置物架，也不使用潤絲精，只用液體肥皂清洗全身。洗完澡後用手巾擦乾全身，絲毫不覺得有任何不便。

abrAsus 的輕薄錢包上，掛著家裡與自行車鑰匙。這張照片是用 iPhone 拍的，出門前將手機放進口袋，雙手空空地四處蹓躂。

Case

02

Hiji

極簡主義
原創者的生活空間

肘是引領極簡主義風潮的推手之一，
充滿禪意的極簡房間，放了一台最新的數位裝置。
這個空間啟發了無數極簡主義者。

Profile

肘（Hiji）。現為證券交易員。不僅熱愛漫畫，也是日本女子偶像團體「桃色幸運草 Z」的忠實愛好者。二〇一二年成立網站，成為極簡主義部落客的先驅之一，引領極簡生活風潮。
部落格「身無一物的極簡主義者」minimarisuto.jp

走廊不放任何物品，也不放垃圾桶，嚴格貫徹極簡主義。家裡只有冰箱、電鍋等必需品。

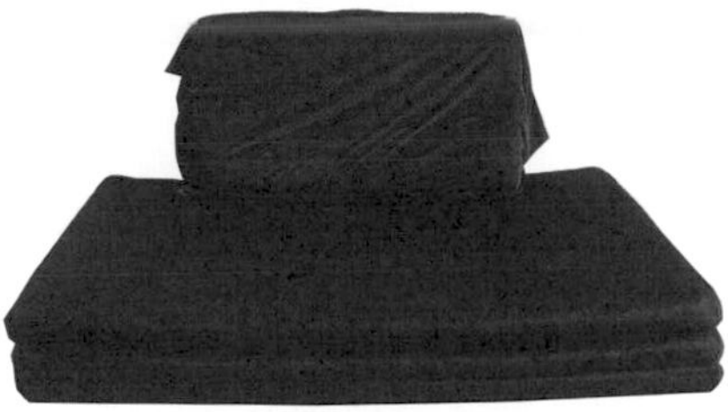

在肘的推薦下，成為空氣床墊的愛用者。摺疊後再立起枕頭，瞬間變身空氣沙發。

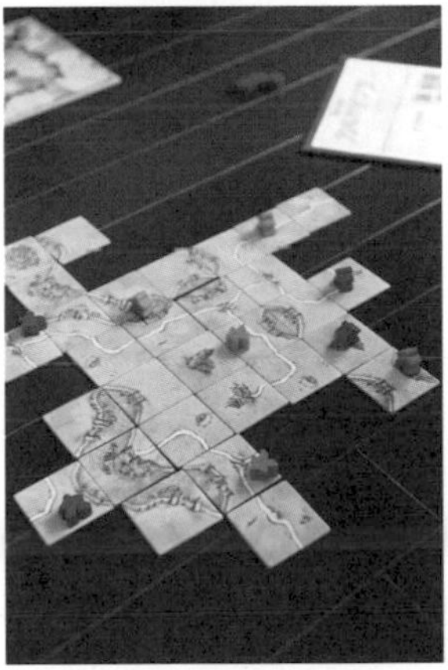

由於地上完全不放東西，可輕鬆自在地與朋友一起玩紙上遊戲。
圖中是肘推薦的德式桌上遊戲「卡卡頌」。

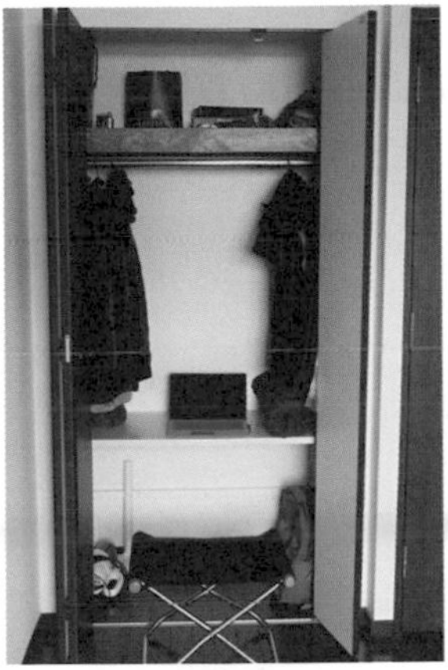

空空蕩蕩的衣櫥。只要拿出平時收起來的「Surface Pro」平板與摺疊椅，立刻變成方便實用的書房。

肘戴著 SONY 的頭戴式顯示器，雖然家裡沒有電視，還是可以透過播放機傳輸欣賞影音節目。觀看恐怖電影時，效果十足。

Case
03

Ofumi
&
Tee

兩人齊心打造
舒適空間

Ofumi 夫妻都是極簡主義的崇尚者，
從原本七十八平方公尺搬到四十四平方公尺的家，丟掉了一百三十公斤的雜物，
從此學會珍惜自己心愛的物品，過著極簡生活。

Profile

夫妻兩人都是極簡主義者。在擁有自己的房子前，接觸到不擁有物品的極簡生活型態。妻子 Ofumi 的部落格「極簡主義者日和」mount-hayashi.hatenablog.com　Instagram(@ofumi_3)
先生 tee 的部落格「遲來的極簡主義者」minimaltee.hateblo.jp

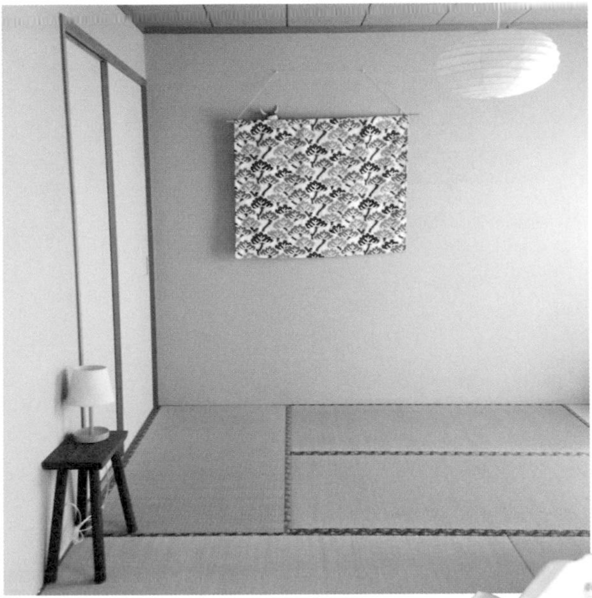

整潔清爽的和室也掛上「sou・sou」的手作掛軸裝飾，雖是租來的房子，也要營造自家空間、陣地的感覺。

在「HOBO 手帳」繪製斷捨離的圖畫日記，上傳至部落格。無論是配色或精心的構圖，令人愈看愈有趣。

精選朋友送的禮物，精心擺放。鴿子時鐘、小狗擺件與烏克麗麗。不多也不少，營造巧妙的平衡感。

客廳牆壁。這裡也裝飾著「mina perhonen」的手巾。掛上設計簡單的時鐘，營造出既可愛，又充滿禪意庭院風格的空間意象。

Case
04
Yamasan

一家人同住的
極簡生活

有如家具廠商的展示間。
由一對夫妻與兩個小孩共同組成的四口之家，也能創造如此簡潔的生活，
值得大家效法。不僅方便清掃，住在這裡也很安心，體現理想居家的典範。

Profile

Yamasan。與先生育有二子，一家四口和樂融融，全家人都是最強的極簡主義者。善用 DIY、自己做的衣服，打造優雅悠閒的舒適居家。部落格「物品愈少，生活愈自在」yamasan0521.hatenablog.com。

庭院只種最低限度的植物，感覺清爽寬敞，「日本梣」可以巧妙遮住外來視線。木板牆壁也是 Yamasan 自製的。

這裡曾經是家人的「圖書室」，現在同樣地空無一物。正因為什麼也沒有，讓空間用途不受拘束。

利用最少家具打造闔家歡聚的空間。家具只選擇簡單舒適的色調，貫徹「顏色的極簡主義」。

Yamasan 的夏衣只有八件。服裝數量與顏色都減至最低，實現衣服的極簡主義。燙衣服成為 Yamasan 最寶貴的時光。

當作臥室使用的和室。打開收納櫃，可以看到以白色統一的收納盒。即使是夫妻，也不干涉或處理對方的物品。

Case
05
Itou
Kouta

環遊世界不是夢的
極簡背包客

以下是伊藤光太經過四年的嘗試修正，嚴選出來的「全球適用」裝備。
只要有這些物品，就足以環遊世界。
一個背包走天下絕對不是夢。

Profile

伊藤光太（Itou Kouta）。憑藉一台 Mac 巡迴世界創作音樂的年輕冒險派極簡主義者。千萬不要錯過其在部落格公布的最終持有品清單。
部落格「Minimalist Music Producer」
minimalist-music-producer.com

① MacBook Pro
只要有一台 Mac 就能創作音樂。伊藤先生的工作就是在世界各地創作音樂。

② Sawyer mini濾水器
高性能隨身淨水器，可消除有害病原菌。只要有了它，污水也能安心飲用。

③ Granite Gear隨身包
Granite Gear 的登山隨身包。輕盈耐用的尼龍布料，可拿來放次要的隨身物品。

④ mont-bell睡袋
遇到陡峭嚴寒、不適合架設吊床的地區，就可使用睡袋。型號是「Down Hugger 800 # 3」。

⑤ Hennessy Hammock
結合帳篷與吊床的功能，任何可懸掛的地方都能架設吊床，走到哪都能入睡。

⑥ 頭燈
黑鑽公司製作的頭燈。不只可照亮黑暗處，還能當作一般燈具使用。

⑦ 彈性多功能腰包
可綁在腰上，伸縮自如的腰帶包。貴重物品一定要隨身攜帶，這是基本原則。

⑧ Sony MDR-IADAC
伊藤最滿意的頭戴式耳機。可直接將數位訊號轉換成數據，收聽高解析音樂，音質更清晰。

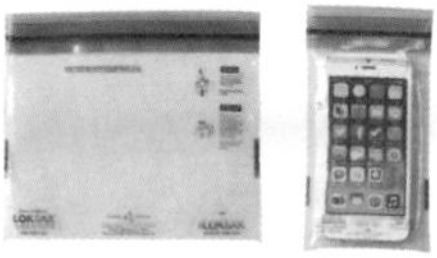

⑨ iPhone 5S & LOKSAK
智慧手機 iPhone 是絕對不離手的重要工具。放在具有六十公尺防水機能的 LOKSAK 防水袋裡，可以安心前往各種地方。

⑩ Sony αNEX-5N
Sony 的數位單眼相機。伊藤搭配 SIGMA 30mm F2.8 DN 鏡頭使用。

⑪ Amazon Kindle
家喻戶曉的電子書閱讀器。伊藤選用具有絕佳性價比的標準款。

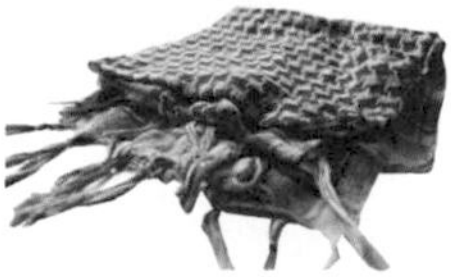

⑫ 阿拉伯頭巾
不只是圍巾，結合面罩、帽子、毛巾等功能，緊急時刻還能拿來過濾污水，可說是萬能用品。

⑬ **曬衣繩**

實用性高的SEA TO SUMMIT曬衣繩。不占空間，還能吊掛衣物。

⑭ **護照**

護照要隨身攜帶。與備用美金一起收在 LOKSAK 防水袋裡，這是最重要的。

⑮ **保存食品**

若攜帶一般的日清泡麵會製造垃圾，因此選擇太空包食品。垃圾也要極簡。

⑯ **LEATHERMAN 工具鉗**

LEATHERMAN SQUIRT PS4 工具鉗，集結剪刀、刀子、銼刀等多種功能的萬用工具。

⑰ **充電器與電源線**

以矽膠尼龍製成的 eagle creek 隨身包裡，收納著重要的數位裝置電源。

⑱ **緊急用保暖毯**

遇到急難時刻或寒冷氣候，可立刻派上用場的保暖毯。SOL 公司製的毛毯表面十分順滑，不會磨擦肌膚。

⑲ **BOSE Sound Link Mini**

這款藍芽傳輸喇叭是以音樂維生的伊藤不可或缺的物品，極致音質可輕鬆駕馭組合音響。

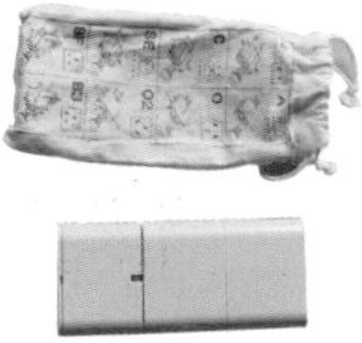

⑳ **萬用插頭**

出國必備萬用插頭，選擇設計簡約的無印良品製品。

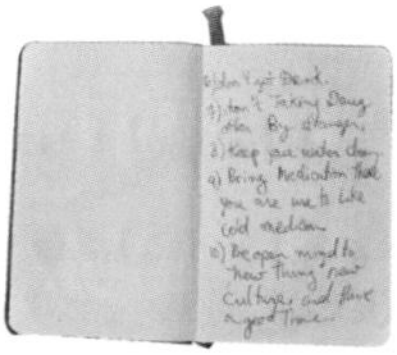

㉑ **MOLESKINE 筆記本**

筆記本可以留言給其他旅客，還能寫日記，是非常重要的用品。

㉒ **MOLDEX 的耳塞**

讓人享受最高等級隔音體驗的 Goin'Green，可將所有噪音降至最低。

㉓ **戶外用片狀肥皂**

SEA TO SUMMIT 的肥皂，要用幾片就拿幾片，可拿來洗手或物品。

㉔ **旅行收納袋**

收音機、打火機、指甲刀等梳洗用品和各式小物都能輕鬆收納，亦可攜帶梅子醬。

本書構成

第一章介紹極簡主義者的定義，找出這幾年愈來愈多人成為極簡主義者的原因。

第二章從另一個角度思考，為什麼隨著年紀增長，物品就會愈來愈多？深入探討「物品」對一個人的意義，其實都源起於人類習性與不斷暴增的根本欲望。

第三章條列式統整成功減物的具體觀念與技巧，完整介紹各種減物方法與集大成的終極手段。不僅如此，也針對想要進一步減少物品的極簡主義者，提供追加守則。此外，在追求極簡生活的過程中，許多人容易陷入「看到東西就想丟的心理陷阱」，本章也會詳細介紹遠離陷阱的方法。

第四章與各位分享當我將自己生活中的物品減至最少後，對我產生的影響。不只是單純地減少物品，而是減少至「最低限度」，這個做法不僅讓我變得更好，也讓我從減少物品這件事情上，看到「幸福」的意義。結合減物體現在心理學上的成效，檢視改變的效果。

第五章將進一步檢視在第四章探索的個人改變，為何讓我感到「幸福」。

為了讓各位深入理解何謂極簡主義，建議各位從頭開始讀起。但也可以依個人需求，選擇感興趣的章節閱讀。只讀第三章也有助於減少你的家中物品。

本書認定的「極簡主義」為：
①將個人物品數量減至最低、
②為了更重要的事物減少其他物品數量的行為，
貫徹這些行為的人就是「極簡主義者」。

第1章 極簡主義者的誕生源起……35

第2章 物品為什麼會多到無法整理？

第3章 五十五項減物法則！

十五項進階版減物法則！

第4章

第5章

前言

少就是幸福

身邊物品愈少，人生愈幸福。

因為我們再也不需要物品填滿我們的人生。

若以最精簡的方式解說本書要傳達的理念，我想就是這兩句話。

我希望藉由本書，讓各位了解減物生活的美妙之處。

現今社會建立的「幸福範本」無一不告訴我們，未來充滿未知，我們要趁現在盡情擁有，才能獲得幸福。這與本書想要宣揚的理念截然不同。

只要有錢就能買想要的東西，遇到任何困難也能用錢解決，於是乎，逐漸以別人擁有的金錢來判斷一個人的價值。「只要有錢，什麼都買得到。沒錯，就連人心也像物品一樣，只要有錢就能收買。既然能收買人心，買到幸福又有什麼難的？正因如此，更要努力賺錢。我才不要吃苦，我要讓更多人買我的書，才能大賺一筆！」

稍微自我介紹一下。我是一位單身的三十六歲男性，單身，在出版社擔任編輯。之前在東京都目黑區的中目黑住了十年（住在那裡的原因很簡單，我希望別人問我住哪時，我能回答中目黑），最近搬到品川區的不動前一帶居住。房租是一個月六萬七千日圓（比之前便宜兩萬日圓），這次搬家幾乎花光了所有積蓄（以下省略）。

從來沒結過婚，這把年紀卻還口袋空空。可能有些人會認為我真是個沒用的男人。若是以前那個死愛面子的我，我一定會覺得很丟臉，不敢跟別人分享我的近況，但我現在完全不在意。原因很簡單，因為我現在很幸福。

我一直很想從事可以傳達價值觀的工作，而不是為了金錢或物質出賣勞力，因此十年前剛出社會時，我只想做與出版有關的工作。可惜在工作過程中，我逐漸迷失了初衷。不瞞各位，出版業界可說是夕陽產業，為了活下來，必須想盡辦法推出暢銷書。要是沒有暢銷書，就無法維持出版事業，更遑論要出可以流傳萬世的書籍了。我就在這種嚴酷的現實考驗中「長大成人」。當初以出版為志向的熱情早已消耗殆盡，讓我也不得不屈服在「到頭來還是『向錢看』」的普世價值下。

丟東西卻讓我重拾年少時的價值觀。

長期以來，日本社會並不是由自民黨執政，而是在其背後組成聯合政府的「金錢黨」、「物質黨」與「經濟黨」。這個聯合政府長年把持朝政，進而成為維持社會運作的潛規則，不僅沒有人質疑，更沒有人察覺它們的存在。

這個聯合政府長期霸占主席臺，我首先針對「物質黨」主席發難：「不好意思，可以讓我坐一下你的位子嗎？要是我表現得不好，就將位子還給你。」

於是我開始貫徹極簡生活，將自己擁有的物品數量減至最低，成為一位極簡主義者。實踐極簡生活之後，我發現最大的好處不在於家裡變整潔、打掃起來更省事這類顯而易見的改變，而是本質上更深層的收穫。我重新思考自己該如何生活，重新定義每個人都渴望的「幸福」。

這一路我丟掉許多東西。

讓我現在得以每天品味幸福，過著充實的生活。

不知道為什麼，自從開始丟東西後，我覺得自己比以前更幸福了。

每個人活在這個世上，都希望自己幸福。正因為我們打從心底想要幸福，才會每天用功唸書、從事運動、努力工作、養兒育女、專注於興趣之中。即使別人覺得你過得很辛苦、很孤獨、很不幸，但都是你追求幸福的結果。追求幸福是驅使人類努力向前的原動力。

過去我也跟許多人一樣囤積物品，以為這些東西可以突顯自己的價值，甚至能讓自己幸福。各位只要看過一開頭刊登的垃圾屋照片就知道，我很喜歡留東西，屬於捨不得丟東西的個性，看到東西就想留下來，所以愈囤愈多。

即使擁有這麼多東西，我還是動不動就跟別人比較，真的很可悲。完全不知道自己該做什麼，思緒十分混亂，腦袋也無法思考，任憑時間流逝。到最後開始後悔從事自己選擇的職業。成天喝酒逃避現實，讓自己的女友傷心。我無力改變自己，只能接受自己是個這麼差勁的男人。

過去的我花了很多心力脫離垃圾屋，遇到週末女朋友來家裡玩時，只要稍微收拾一下，打掃看得見的地方，看起來就很整潔。然後再巧妙配置設計時尚的個性擺設，利用間接照明營造氣氛。

可是，如果平時到我家裡，就會發現我的書已經多到書櫃塞不下，散落在家中各個角落。那些幾乎都是認為有一天會讀，隨便翻閱幾頁就擱著，以及借來之後便提不起興趣看，放在家裡遲遲未還的書。這就是我以前的生活。

不僅如此，絕對不能讓別人打開我家壁櫥，因為裡面塞滿了以前我最愛的衣服，難得心血來潮從中抽一件出來穿，卻沒有勇氣穿出門。這些衣服從買來之後就很少穿，加上價格又很昂貴，我老想著等哪天天氣好時拿出來洗一洗、燙一燙，就能再次派上用場。

房間裡四處散落著一時興起購買的娛樂用品，吉他與擴大器早已積了一層灰，還有一直想著有空時一定要自我進修的英語會話教材，經典款古董相機連用都沒用過。

我總是三分鐘熱度，所以從來沒在家裡把玩過。看完預錄的電視節目《毒舌糾察隊》後，拿起智慧型手機玩拼圖遊戲，玩沒一會兒就關掉，去超商買酒喝。

過去的我老是跟別人比較。

我的大學同學住在東京填海造地新市鎮裡的高級公寓，玄關富麗堂皇，餐廳擺設著品味卓絕的北歐家具與餐具。我在心中暗自估算這裡的房租，接受好友溫馨的招待。好友在大公司工作，收入高又穩定，出社會不久就抱得美人歸。太太跟他一樣都很喜歡看電影，兩人不僅興趣相投，結婚不久便生下小孩，過著幸福美滿的家庭生活。穿著時尚的小寶寶看起來真的很可愛。我不禁猜想，我們在大學時都半斤八兩，到底是什麼原因，讓我跟他之間，出了社會之後產生如此大的差異？

白色法拉利跑車拉風地駛過十字路口，那輛跑車的價格應該買得起兩間我現在的租屋公寓吧？我騎著以五千日圓向朋友買來的二手自行車，望著疾駛而去的車尾燈。

在這個狀態下，我每個星期都抱著逆轉勝的一絲希望購買 toto BIG 運動彩券。我也曾因為低收入和零存款等原因，讓女友對未來感到不安，最後分手。用盡方法隱藏自己的自卑感，以及對其他人的忌妒心，像行屍走肉般地過日子。老實說，過去那個擁有滿屋子廢物的我，根本不值得活在這個世界上。

我很慶幸自己勇於丟東西。

這個舉動讓我成為截然不同的自己。

各位可能覺得我說得太誇張。

還有人對我說：「不過就是丟東西而已嘛。」

沒錯，我只是丟東西而已。

我沒有成就任何大事，也沒做任何值得向人誇耀的事。

只有這件事我敢大聲地說：

自從減少物品後，我每天都感到很幸福，也慢慢地了解什麼是幸福。

如果你也跟過去的我一樣悲慘，老是與別人比較，認為自己不幸，我建議你開始丟東西。有些人天生沒有物欲；有些人具有一種天賦，可以從混亂的雜物中找到寶藏。但我希望傳達的是讓所有人感受到「普通」幸福的生活型態。所有人都想獲得幸福，為了想獲得幸福而購物，卻只能給我們短暫的滿足。

由此可見，我們對於幸福，真的是一無所知。

減物後能讓我們重新思考幸福的真諦。
各位是否覺得我又言過其實了呢？

但，我是真心這麼想的。

epigraph

人們希望看起來幸福，
遠勝於擁有幸福，
這就是人們感到痛苦的原因。

——拉羅什富科 (La Rochefoucauld)

工作不能代表你，
銀行存款不能代表你，
你開的車不能代表你，
你皮夾裡的東西也不能代表你。
就連你身上穿的衣服品牌，
也跟你毫無關係。

——泰勒．德頓 (Tyler Durden)《鬥陣俱樂部》

幸福並不是擁有
你真正想要的。
而是珍惜你所有的。

——猶太教教士史查鐵爾 (Rabbi Hyman Schachtel)

第1章

極簡主義者的誕生源起

chapter 1
why
minimalist?

史上第一位極簡主義者

將身邊物品減至最低限度，這就是極簡主義者的生活型態。本書主題就是透過這種生活型態，重新思考幸福的真諦。

這個世上所有人一生下來就沒有擁有任何事物，所以每個人剛出生時都是極簡主義者。換句話說，我們是拿自己的自由去交換不必要的多餘雜物。

人的價值不在於自己擁有的物品數量。物質只能給我們稍縱即逝的幸福，不必要的多餘雜物會奪走我們的能量、時間，帶走所有一切。極簡主義者是第一個察覺到這一點的人。

減少身邊物品的極簡主義者，每天都感到輕鬆暢快。事實上，我們每個人都曾體會過東西變少的暢快感，因此即使是住在滿屋子雜物的人，也能想像這種感覺。各位不妨想像一下旅行的過程。

出門旅行時，徹夜打包行李直到出發前一刻，再三確認必要物品清單，還是覺得自己忘了什麼。一直到出發前才不得不出門，只好放棄掙扎，關門上鎖，拉著行李箱往外走。就在這一刻，內心感到輕鬆自在。在旅行的這段期間，我們只要有這個行李箱就能過活。或許我們會忘了什麼東西在家裡，但只要有最重要的必備物品就夠了，其他東西需要時再買即可。

到了旅館之後，躺在房間裡的榻榻米上，感覺好舒服！旅館房間乾淨整潔，擺設也很少。平時在家裡阻礙我們生活的多餘雜物，這裡一件也沒有。正因如此，旅館才會如此舒適。將行李放在旅館房間，什麼也不帶地出門閒晃，感覺很輕鬆，走再久也不會累。想去哪裡散步都可以，沒有時間限制，也沒有一定要做的事情。

相信每個人都有過這樣的經驗，這就是極簡主義者的感覺。當然，凡事都有正反兩面，也有完全相反的體驗。

旅行結束後要搭機回家，出發前整理得井然有序的行李箱，如今塞得亂七八糟。想要留下旅行回憶而四處添購的紀念品，完全塞不進行李箱，只能用兩個紙袋裝著，隨身帶著走。口袋裡塞滿了原本打算回旅館整理的各種觀光景點門票與收據。排隊等著過海關，卻遍尋不著機票與登機證。咦？到底放在哪裡？是不是放在這裡？還是放在那裡？隨著時間過去，心情也開始焦躁，不禁眉頭深鎖，而且還深刻感受到排在後面的人投射過來的白眼……

當一個人擁有超過自己能力負荷、數量龐大的物品時，這些物品就會成為壓力來源，讓人完全無法顧及最重要的事情。

我們將所有心力與時間拿去購物、管理並維護物品狀態，正因花費了太大的努力，反而讓那些原本該是工具的物品，在不知不覺間成為我們的主人。

好萊塢電影《鬥陣俱樂部》裡的泰勒．德頓曾經這麼說：

「到頭來，你被自己擁有的東西給奴役了！」

成為極簡主義者前的日常生活

當我還是個囤積狂，擁有滿屋子雜物時，我的一天是這麼過的：工作回家後，先將身上的衣服脫掉隨手亂放。走進淋浴間沖澡，浴室裡的洗臉臺早已破損卻遲遲未修。沖完澡後，一邊欣賞預錄的電視節目，或是租來的電影，一邊喝光大罐啤酒。喝完啤酒，改喝紅酒。喝完一瓶紅酒還不夠，搖搖晃晃地走到超商買酒繼續喝。這樣的日子十分常見。

我曾經聽過一句話：「酒精不能帶來幸福，只能暫時停止不幸。」這句話說得很對，當時我只想忘記那個悲慘的我，即使只有一秒也好。

第二天早上，在棉被裡翻來覆去，根本不想睜開眼。鬧鐘每十分鐘響一次，我完全充耳不聞，一直到太陽高掛才不得不離開被窩。昨天喝太多酒，今天感覺腦袋沉重，身體疲憊不堪。坐在馬桶上，雙手捏著腰部的贅肉，一邊上廁所。穿上昨天半夜丟進多功能洗衣機烘乾且皺巴巴的 UNIQLO 上衣，看了一眼昨天吃完晚餐後放在桌上的髒碗盤，穿過玄關，走出家門。

每天無趣地走一樣的路上班，到公司之後無法立刻進入狀況，先連上入口網站，看看八卦資訊打發時間。怕別人發現我沒認真工作，只要收到電子郵件一定會立刻閱讀、馬上回信，利用快速敲鍵盤的聲音營造工作假象。工作的同時還處理自己的雜務，時間就在這樣的狀況下一點一滴流逝，根本沒時間進行真正重要的工作。我並不是因為當天工作做完才下班，而是在公司待到下班時間才回家。

對於這樣的狀態，我也有藉口安慰自己。早上起不來是因為晚上工作到很晚；我會發胖是因為體質問題；薪水太低所以無法搬到更寬敞的公寓。要是我可以生在有錢人家，我一定能全力以赴發揮所長。就是因為家裡太小才會雜亂無章，根本不是我的問題；租來的房間不是自己的，打掃得再乾淨也沒用。要是我能擁有一間大房子，我一定會好好整理。

整個房間堆滿雜物的我成天找藉口，腦子裡都是負面想法，利用各種方式箝制自己。不僅極度愛面子，又害怕出糗，即使我真心想做某事，也無法付諸行動。

成為極簡主義者後的日常生活

將生活物品減至最少後，我的生活產生了截然不同的改變。工作回家後我一定會泡澡，浴缸隨時保持光亮如新的狀態。泡完澡後，換上自己最愛穿的家居服。由於家裡沒電視，因此我會看看書或寫寫文章。我戒掉一個人喝酒的習慣。東西丟掉之後，空間變得很寬敞，我就在家做做伸展操，做完之後便入睡。

早上天一亮就起床，基本上我不設鬧鐘。早晨的陽光照射在什麼也沒有的白色壁紙上，讓房間變得相當明亮。過去我根本無法早起，但現在的我每天都很期待早上的晨光。我有更多時間可以悠閒吃早餐，喝著摩卡壺沖泡的熱咖啡。早餐吃完後，我會立刻清洗餐具。每次打坐冥想，就能忘卻世俗雜事，讓身心合而為一。我每天都會用吸塵器打掃家裡，天氣好的時候會洗衣服，起床後一定會摺棉被，將洗好的衣服摺疊整齊，每天穿著乾淨的衣服出門。雖然通勤路線沒有改變，但現在懂得欣賞四季變化，享受路邊美景。

看完以上的描述，真的很難想像這是同一個人的生活。無論如何，我很高興自己將多餘雜物都丟掉了。

我丟掉的雜物

以下是我丟掉的物品清單：

- 整個書櫃、所有書籍（我估計花了一百萬日圓購買，最後卻只賣了兩萬日圓）。
- 組合音響與所有CD（其實我對音樂根本沒興趣，只是裝作自己很懂的樣子）。
- 明明一個人住卻擁有塞滿各式餐具的大型餐具櫃。
- 心愛的古董雜貨（在拍賣網站上慢慢收集而來）。
- 價格昂貴但已鬆垮的衣物、一心想著哪天瘦下來後要穿的衣服。
- 全套攝影用品（我竟然連暗房都有！真的不知道自己在想什麼）。
- 用來修理整備自行車的各式工具（充分發揮我的完美主義性格）。
- 堆滿灰塵的電吉他與擴大器（不願承認自己練不起來，所以暫時放在一旁）。
- 以一個人來說，過大的書桌和茶几（根本不會請朋友來家裡玩，卻想跟朋友一起在家吃火鍋）。

●小型雙人床尺寸的丹普床墊（睡起來很舒服，可惜太重了）。

●不適合放在三坪空間裡的四十二吋電視（自以為是電影迷）。

●提升電影鑑賞品質的家庭劇院與 PS3 電視遊樂器（我曾經是個家電迷）。

●儲存在硬碟裡的成人動畫（這是最需要勇氣丟掉的東西？）。

●將膠捲底片轉成數位檔後丟掉（之前完全沒整理，照片都黏在一起了）。

●具有紀念性的信件全部掃成數位檔後丟掉（從幼稚園到現在的信都捨不得丟）。

我捨不得丟東西，所以還將自己丟掉的東西全部拍下來（賣書時我也將每一本書的封面拍照記錄），儲存在硬碟裡的照片超過三千張。

如今回想起來，當時的我擁有所有必要物品。不管是大尺寸電視機、家庭劇院、個人電腦、iPhone 或舒適寢具。擁有一切的我卻還是看著自己所沒有的。

只要有一張雙人座皮沙發，我就能跟女朋友優雅地坐在沙發上看電影（還能在看電影看到一半時，伸出手環抱女友肩膀）。要是家裡有一面經常在居家雜誌上看到的書櫃牆，就能給人知性的感覺。要是家裡有一座屋頂露臺，就能邀請朋友來家裡開派對。雜誌裡的房子都有那些設計，偏偏我家沒有。如果我也能擁有，一定能讓更多人接受我。

我已擁有自己需要的物品，卻只在意自己缺乏的東西，這樣的我當然不會幸福。因為當時的我認為只要擁有就會幸福，就是因為沒有所以才會如此不幸。

成為極簡主義者的理由

每個成為極簡主義者的人，經歷各不相同，有的人看到自己的親友因為物欲導致人生失控；有的人很有錢，無論收集多少東西都不滿足；有的人因為經常搬家，逐漸減少自己擁有的物品數量；有的人想要擺脫憂鬱症；有的人天生沒有物質欲望；有的人則是經歷過大地震後改變自己的想法。

我來自於典型的垃圾屋，由於想要擺脫垃圾屋，才成為極簡主義者。以前的我完全無法丟東西，看到東西就想留下來。不僅如此，只要是與我有關的物品，不管是任何東西我都會覺得很有紀念價值，因此捨不得丟。

就算是同事寫的便條紙，告訴我某某人打電話給我，請我回電，我也會留下來。一想到這是某個人特地花時間為我做的事，我就更捨不得丟掉那張便條紙。我就是這樣的一個人。

十七年前，我離開故鄉香川縣，一個人來到東京生活。那個時候，我的租屋處只有必需品，其他什麼都沒有。隨著時光流逝，無法減物的我讓家裡堆滿雜物。

我喜歡拍照，因為拍照可以將所有事物變成自己的。

我想要留下每個瞬間，所有值得紀念的物品，我都想留下來。讀過的書已經成為我的一部分，所以捨不得丟。我也想與別人分享自己喜愛的電影和音樂。等哪天有時間，我要去做我一直很想做的事情。

丟掉太浪費了，因為這很貴。

這個還能用，說不定哪天我會用到。

我不想承認這樣東西買來後從沒用過的事實。

這些都是自我催眠的暗號，讓我捨不得丟，東西愈積愈多。

現在的我想法與當時完全不一樣，以前的我是個極繁主義者（Maximalist），任何東西都想留下來。想買的物品也是追求高機能產品，愈大愈好、愈重愈好。

愈來愈多的雜物終於壓垮了我，耗盡了我所有力氣。花費心思買來的物品完全派不上用場，成天責備自己的無能。無論收集多少東西，依舊心心念念著自己沒有的物品，不知不覺開始忌妒別人。即使如此，還是下不了決心丟東西，一直找藉口逃避，厭惡自己的卑鄙，陷入惡性循環裡。

丟東西讓我開始改變現況，身邊物品過多對一個人不見得好。如果你也像以前的我一樣成天怨天尤人，覺得自己不幸，建議你開始丟東西，只要踏出這一步，你一定能改變。

我可以肯定地說，你的不幸並非來自於遺傳、環境、個性或過去創傷，而是過多的雜物耗損了你的幸福。

每個日本人都曾是極簡主義者

每個人出生時都是孑然一身，事實上，以前的日本人全都是極簡主義者。在現代產業蓬勃發展之前，許多外國人來到日本都感到很訝異。每個日本人只有兩、三套和服，卻給人清爽俐落的印象，看起來十分整潔。當時的日本人家裡衣服不超過十套，少了物品的牽絆，每個人都一派輕鬆、神態自若，想去哪就去哪。屋內擺設十分簡樸，房屋結構也不以長久居住為目標，可依需求隨時改建。由此可見，過去的日本人是如假包換的極簡主義者。日本文化的根基就是極簡主義。

日本茶室就是最好的例子。茶室裡不擺放任何多餘物品，而且有一個名為「躙口」，供客人使用的狹小出入口。要是擺出一副自以為是的高傲姿態，絕對無法進入茶室。此外，即使是武士，進入茶室也不能帶刀。茶室裡沒有身分之別，無論你是富豪或窮人，地位崇高或卑微之人，在這裡都是平等的。每個人都能在此與另一個人交流，細細品嘗茶的滋味，感受彼此想法。

反向輸入的極簡主義者

提到日本的極簡生活文化，就一定也要談談美國的知名企業「蘋果公司」。大家都知道賈伯斯是蘋果的創辦人之一，許多極簡主義者都是賈伯斯的信徒與蘋果產品的愛好者。

賈伯斯創造的商品貫徹了他的獨特個性，毫無贅飾與多餘功能，呈現極簡淬煉的純粹風格。iPhone 只有一顆按鍵，Mac 沒有閒置端子與連接線。基本上，購買蘋果產品不會附贈使用說明書。正因為賈伯斯是一位極簡主義者，而且也是宣揚極簡主義的禪宗信徒，才有這樣的結果。

誠如各位所知，賈伯斯深受日本禪宗的影響。其師承曹洞宗的僧侶乙川弘文，有一段時間甚至認真思考，前往日本永平寺修禪的可行性。賈伯斯構思產品時完全去除多餘設計、極度簡化，這個做法也是受到禪文化影響所致。

賈伯斯個性鮮明，對於自己不喜歡的事物會嚴詞批評，絕不妥協。他最不能忍受的就是，明明可以做到卻不簡化的事物。換言之，他最討厭複雜且多餘的設計。這個全球最大的國際企業，貫徹的正是日本傳統文化。有趣的是，日本的極簡文化透過賈伯斯反向輸入日本，造就 iPhone 在日本市占率獨步全球的結果。

極簡主義者的定義

接下來我想談談極簡主義者的定義是什麼？將身邊物品數量減至最低的極簡主義者又是怎樣的族群？該將物品數量減至多少才能稱為極簡主義者？我想可以從這幾個方面來定義，但我個人認為符合以下兩個特質的人，就是極簡主義者：

「真正了解自己需要什麼的人。」
「為了最重要的人生目標，減少物品數量的人。」

極簡主義者的界定沒有制式規定，並非擁有超過一百項物品的人就不是極簡主義者；物品數量少於一百項的人就是極簡主義者；或是家裡有電視的人不是極簡主義者；可以用一個行李箱裝下所有持有物品的人，就稱為極簡主義者。

接下來我要介紹幾位正在嘗試各種居住型態的革命者，村上慧做了一個保麗龍房子，每天帶著它走，走到哪住到哪。坂爪圭吾沒有自己的房子，將所有家當放在一個手提包裡，過著遊牧生活。若說這些勇於嘗試的人才是極簡主義者，有家、有房子的人不是極簡主義者，似乎有些矯枉過正。

我心中的極簡主義者不是因為在意別人目光而追求「物欲」，而是真正了解自己「需要」什麼的人。知道什麼才是最重要的，「減少」其他不重要的。

每個人「需要」的、「珍視」的事物不同。具體「減少」的物品也跟著不同。極簡主義者的定義沒有正確答案。

極簡主義不是「目的」

減少物品數量不是「目的」。極簡主義是幫助每個人找出重要事物的「方法」，也是交織出珍貴人生故事的「序章」。我將在這本書與各位分享減少物品數量，進而讓找到重要事物的過程。

我也想藉由本書，向各位分享物品之外的極簡主義。現代社會的所有事物都過於繁雜，因此從物品開始實踐的極簡主義也會影響至其他領域。

為了好好珍惜最重要的事物，我們必須「減少」可有可無的東西。為了將心力集中在最重要的事物，我們必須「減少」其他干擾。這是在人生過程中，我們都會面臨到的問題。

誰是最極致的極簡主義者？

若要追問極簡主義者從什麼時候開始出現？誰是世界上第一位極簡主義者？似乎沒有太大意義。同樣的，探究誰是擁有最少物品、將極簡主義發揮至最極致的人，也沒有任何助益。因為我們所有人剛出生時都一無所有。

現在回想起來，賈伯斯是完美的極簡主義者。泰瑞莎修女也是一名極簡主義者。據說泰瑞莎修女過世時的遺物只有穿舊的紗麗服、開襟外套、舊提袋和磨損得很嚴重的拖鞋而已。宣揚無占有（non-possession）理念的聖雄甘地，他的房子裡也同樣家徒四壁。古希臘哲學家第歐根尼的故事也發人深省。他只用一塊布裹身，手邊只有一個喝水的碗。有一天，他看見一個孩子用手舀水喝，便將他唯一的碗敲破了。

最極致的極簡主義者其實早已存在，自從人類發明各種工具和用品以來，第歐根尼可說是擁有物品數量最少的極簡主義者。他擁有的物品只有一塊布。既然冠軍已經出爐了，其他人也就沒有必要爭奪「世界第一」的龍頭寶座了。

斷捨離、簡單生活、游牧工作型態

斷捨離、簡單生活、游牧工作型態——成功減少惱人物品的先驅紛紛跳出來宣揚拋開束縛、自在生活、盡情工作的方法，這些新觀念在二〇一〇年打下穩定根基，深入日本社會且大受歡迎。二〇一〇年由近藤麻理惠撰寫的《怦然心動的人生整理魔法》，創下絕佳的銷售記錄。幾年後，日本也出現了極簡主義者，但我認為極簡主義者的誕生有幾個必要條件。簡單來說，就是以下三點：

一、**暴增的資訊與物品**
二、**具有取代性的產品與服務發展趨勢**
三、**三一一東日本大地震**

無法處理的龐大資訊量

第一點是「暴增的資訊與物品」。近年來已經很少聽到「全球化」這個名詞，正是因為「全球化」早已普及所以無須刻意強調。打開智慧型手機，就能立刻搜尋到全世界發生的新聞與各種事件。無論身在哪一國，打開亞馬遜網站就能從成千上萬的商品中選購自己喜歡的物品。不僅如此，我們還能欣賞世界各地的電視節目，聽世界各國的廣播節目。

我們身邊的朋友透過推特、臉書與LINE等社群網站和即時通訊軟體，化身為散文作家、美食家與在地記者，每天發表或傳送最新資訊（無論我們是否想看都會看到）。不只是朋友的訊息，我們還能透過SNS（社會性網路服務）看到全世界任何人發表的無數訊息。

根據一份二〇一四年發表的研究數據，每分鐘上傳至YouTube網站的資訊量（換算成影片長度）為三〇六個小時；每分鐘上傳至推特的推文約有四十三萬則；每分鐘從App Store下載的應用程式數量約有五萬個。換句話說，每天在網路上都會增加無以計數的各種資訊。生活在現代社會的日本人，每天接收的資訊量大約是江戶時代的日本人一整年接收的數量，甚至是一輩子的接收總量。

人類的資訊處理能力還停留在五萬年前

另一方面，人類從五萬年前到現在幾乎沒有太大變化，從演化觀點來看，還是處於五萬年前的硬體處理狀態。事實上，別說是四百年前的江戶時代了，兼具硬碟、記憶體與處理器功能的大腦從五萬年前就沒再進化了。

就連蘋果公司也不可能讓人類進化，並對外宣布：「我們重從新思考人類型態，創造出前所未有的設計。新的人類大腦運算速度比上一代快了百分之三十，記憶容量增加兩倍。身高多了三公分，體重減少兩公斤。容我鄭重介紹，這是全新的『iHuman2』。」

五萬年來從未進化的人類大腦塞滿了過多資訊與物品，這就是最真實的現況。有限的硬碟裝滿各種不必要資訊，又太在意他人目光，將大部分精力花在追求物欲、管理雜物上。如此一來，自然無法察覺真正重要的事物。長期耗費心力享受短暫快樂的結果，到最後也會厭煩，開始改玩手機遊戲、與朋友大聊八卦或沉迷於酒精，企圖尋求更多的刺激來蒙騙自己。過去的我就是如此。

我是一台忙得團團轉的沉重電腦

過去的我是一台運作量過大的電腦，「處理中」的圖示不斷在旋轉。我想吸收新資訊，但記憶體早已超載，還要同時處理爆量程式，逼近當機邊緣，因此我只能處理雞毛蒜皮的小事。有人說一個人每天思考的事情高達六萬件，其中九成五與昨天相同，更令人驚訝的是，進一步分析之後發現八成皆為負面想法。

各位不妨回顧一下過去的我。我每天都感到不安，煩惱自己的工作，在意別人的眼光。我的負面想法不只八成，應該說是百分之百。我每天光做一些例行瑣事就耗盡氣力，即使輸入最新資訊也無法運算出新結果，只能不斷重複昨天的舊答案，可說是一台毫無用處的電腦。

企圖活化一台逼近當機邊緣的電腦一點意義也沒有，未來也沒有任何計劃推出足以震撼社會的新電腦。既然人類這個硬體從五萬年前就沒變過，我們能做的是「減少」不必要的檔案與程式，減輕硬體負擔。「減少」儲存在硬碟裡的數據檔案、「減少」運作的應用程式，就能讓我們感到輕鬆舒暢，運算出有別於以往的新答案。

只要有智慧型手機就能完成所有工作

第二點是「具有取代性的產品與服務發展趨勢」。

現代科技提升產品功能，讓我們無須擁有多項商品也能享受相同服務。

智慧型手機的問世取代了電話、相機、電視、音響設備、電視遊樂器、時鐘、日曆、手電筒、地圖、筆記本、行事曆等各式物品，不僅如此，我們再也無須攜帶指南針、行車路線圖、厚重字典與商品目錄出門，就連存摺、飛機票也能透過智慧型手機搞定。二〇〇七年，第一代 iPhone 上市；二〇一〇年，蘋果公司發表了 iPhone4。我認為智慧型手機是極簡主義者誕生的重要幕後推手，綜觀現代社會，即使是物品數量很少的人，他們唯一不可或缺的就是智慧型手機。只要有智慧型手機，許多東西都能捨棄。

數位化是幫助我們減少物品數量的重要關鍵，我之前依依不捨地用相機拍下自己丟掉的東西，要是沒有數位相機，我相信我還是捨不得丟東西，照樣活在垃圾屋裡。

讓減物更順利的小幫手

ScanSnap 掃描器是我的必備品，這台機器可以雙面掃描紙張與照片，幫助我丟掉許多東西。

首先丟掉的是底片時代的照片。直到幾年前我還在包包裡偷放一台小型底片相機，沖洗出來的照片和底片全部塞在櫥櫃裡，非常占空間。

我將所有照片掃描起來，掃完後就丟掉。日後可以快速搜尋並欣賞照片。ScanSnap 掃描器相當好用，大量照片也能迅速掃成檔案。

多虧 ScanSnap 掃描器，從幼稚園保存到現在的所有信件、親友寄來的賀年卡、捨不得丟的雜誌，我全部丟掉了。現在有愈來愈多人將紙本書掃描成 PDF 檔，電子書閱讀器 Amazon Kindle 也在二〇一二年發售，電子書市日漸蓬勃。

我相信許多人一直以來只用智慧型手機或 iPod 聽音樂，我用的是 MacBook Air。自從買了這台筆記型電腦後，我發現它可以看電影、聽音樂，甚至還能看書或漫畫。我雖然將電視丟了，但如果有想看的電視節目，我會上電視台網站買存檔來看。無論人在哪裡，我可以隨時查看 Gmail 信箱；將檔案存在 Dropbox 等雲端硬碟，無論到哪兒我都能完成工作。使用 Wi-Fi 連線或藍芽傳輸，就能免去使用網路線的麻煩。善用 Skype，隨時隨地都能開會。就連辦公室也能成為減物的對象。

由此可見，日新月異的產品與技術，可自然地減少人類使用的物品數量。

※分享文化的普及

只租不買的服務是現在的流行趨勢，不獨占而是多人共享物品的「分享」文化日漸普及也不可忽略。在現代社會中，「分享」這個詞彙比「獨有」更具有正面意義，也更帥氣。

若住在偏僻鄉區，每戶人家一定要有車才能解決交通問題，這個情形另當別論。若住在大眾交通工具十分發達的都會區，無須擁有自己的車，與其他人分享（共乘）交通工具即可。無須多花稅金與保養費用，可省下一大筆支出。再加上有利於促進環保，更加快了這樣的趨勢發展。

合租房屋、社交型公寓這類多人共同分享一個居住空間的想法，如今已成為理所當然的趨勢。善用「沙發旅行」、「Airbnb」日租公寓等網路服務，就能讓全世界的旅行者租借自己家裡的空房間。

換句話說，原本閒置的空間與物品可以透過網路，讓需要的人使用。

「雜物」化身為殺人凶器

最後一點則是「三一一東日本大地震」。

三一一東日本大地震徹底撼動了我們的價值觀，就連我們對於「物品」的想法都面臨了快速改變。

日本圖文作家．緩莉舞撰寫的《少物好生活》系列，創下了銷售佳績。她自詡為「丟東西魔人」，在書中刊登自己家裡空蕩蕩的照片，震撼了我。那本書最讓我印象深刻的，就是囤積家裡的雜物在地震中垮下來，差點成為「殺人凶器」的一幕。這些我們應該要好好珍惜的物品，卻可能奪走你的性命。這就是住在垃圾屋裡的風險。珍貴物品全被海嘯沖走，變得一無所有。

三一一東日本大地震是千年一遇的大地震。若以活了一百歲的老奶奶為例，西元兩千年就是二十位老奶奶的壽命總和。若那次地震真的是千年一遇的大地震，就代表二十位老奶奶中，有兩位老奶奶遭遇過同樣的經歷。這樣的頻率究竟是多？還是少？

容我再次強調極簡主義者誕生的三大要件：

一、暴增的資訊與物品
二、具有取代性的產品與服務發展趨勢
三、三一一東日本大地震

由此可見，這幾年陸續出現極簡主義者，可說是必然的結果。

我不禁覺得這樣的趨勢不是單純的突發奇想，或嚮往不同的生活型態，而是基於更務實的原因，才會出現極簡主義者。

第2章

物品為什麼會多到無法整理？

chapter 2
why do we have
so much stuff?

你想要的早已擁有

本章重點將放在「人類囤積物品」的習性。只要解開物品愈積愈多的原因，就能幫助我們丟棄多餘雜物。

過去的我早已擁有所有的生活必需品，但還是覺得離自己的理想生活很遙遠。人類很容易認為自己的現實與理想間「相距甚遠」，面對不如己意的生活，便開始覺得自己不幸。我就是因為一直覺得「得不到自己想要的」，才會認為自己悲慘。

我家不夠寬敞，放不下皮沙發，也沒有可以舉辦烤肉派對的屋頂露臺，更沒有可以欣賞夜景的高樓層公寓。我「想要」的願望一個都沒實現。

事實上，現實與我想像的正好相反。我許下的願望都實現了，想要的東西也全都擁有了。為什麼會這樣？且聽我娓娓道來。

先從工作說起。我們每個人心目中都有屬意的公司，希望有一天能貢獻所長，於是到該公司面試、在該公司工作。或許我們服務的公司並非第一志願，甚至不是第二、第三志願，也不是自己感興趣的業界，純粹是為了餬口飯吃才勉強妥協。正因如此，我們每天數落公司、說主管壞話，一心只想跳槽，另謀他就。

話說回來，若我們自己沒有寄履歷表過去，沒有接受面試，根本不可能在該公司工作。或許該公司的職場文化與我們想像的差異甚大，或許主管真的很惡劣，公司也可能是黑心企業。但我們都是基於「想進入那家公司工作」的心願寄送履歷表、完成面試過程。若一開始你根本不想在那家公司工作，就絕對不可能前往面試。換句話說，你早就實現了「想進入那家公司工作」的心願。我相信當你收到錄取通知的那一刻，一定是欣喜若狂。

住的地方也是如此。過去十年我一直住在同一個租屋處，十年前的我真的很想搬家，所以花了很大的心力才找到那間房子。我還記得剛住進去時的喜悅。以我支付的租金而言，那間房子的格局可說是相當划算，正因如此，我才會那麼開心。我在夢寐以求的地區租到理想房子，展開新生活，當時的興奮感如今還歷歷在目。無奈長期居住下來，我卻只看到房子有多小、有多舊這些缺點，愈來愈不滿。十年前我明明實現了想搬進這裡的願望，為什麼現在卻覺得自己不幸呢？

同樣的道理也能套用在擁有的物品上。我以衣服為例。以前的我經常覺得衣櫥裡少一件，每到假日就花一整天逛街買衣服，逛到腿都痠了也要買到自己喜歡的款式。買完衣服回家，開始在鏡子前上演個人服裝秀。第二天穿上新衣服出門時，不禁感到十分風光，覺得自己好像明星一樣。為了買到自己想要的衣服，就算將卡刷爆也不足惜。我明明擁有一堆自己想要的衣服，卻還是視而不見，每年嚷嚷著「沒有衣服穿」。

其實，你的願望早已實現。既然如此，為什麼還是感到不滿足，覺得自己不幸？

「習慣」是一種毒癮

人之所以感到不滿足是因為當我們實現願望之後，就會慢慢「習慣」。久而久之，「習慣」就變成「理所當然」。人類對於「理所當然」的事物與狀態，最後容易感到「厭倦」。

穿上剛買的連身裙，相信每位女性都會感到高興。但穿過五次之後開始「習慣」，喜悅的情緒逐漸遞減。穿了十次之後，連身裙變成舊衣服，「理所當然」地成為衣櫥裡的一分子。穿了五十次之後，就都會感到「厭倦」。願望實現後必然會經歷「習慣」，建立「理所當然」的前提下，朝「厭倦」的負面想法前進。最後黯然失色，變成可有可無的無聊物品。這就是從「習慣」邁向「厭倦」的過程。

正因為人存在著從「習慣」邁向「厭倦」的習性，才會讓我們在實現夢想之後，開始對已實現的夢想發牢騷，深信自己不幸。

反之，只要不「習慣」，我們就能繼續享受願望實現的喜悅，永遠感到幸福。只要我們永不厭倦自己擁有的舊物，持續感到滿足，就不會增加新東西。但是，為什麼人會產生棘手的「習慣」天性？

人為什麼會喜新厭舊？

討論棘手的「習慣」前，我們必須先了解人類的習性，以及人感受事物時的機制。雖然有點艱澀難懂，但「習慣」這個問題正是本書探究的主題之一，所以請務必仔細閱讀。

人類天生的神經網絡，對於某樣刺激轉變成另一種刺激時所感受到的「差異」，能讓神經網絡感到興奮。

例如，在海水浴場早已關閉的秋天來到海邊，內心突然湧現一股衝動，想要重拾青春的熱情，於是毫不考慮地脫掉鞋子，打著赤腳往海裡跑。

雙腳接觸到海水的瞬間感到一陣冰冷，忍不住大叫出聲「水好冰啊！」

此時神經網絡感應到地表溫度與海水溫度的「差異」，讓人產生冰冷的感覺，這就是差異造成的刺激。不過，只要時間一久人就會開始習慣刺激（冰冷的海水）。而且還會說：「呼！習慣之後覺得還滿溫暖的。」

這種感覺就像是當你躺在沙發上看電視看到睡著，家人突然將電視關掉，你就會瞬間驚醒，而且還向家人抱怨「我還在看電視」一樣（關掉電視的家人一定會當場反駁「你明明就在睡！」）。

電視開著時，電視機發出的光線很亮，聲音也很大，屬於高度刺激。照理說這樣的狀態很難入眠，可是當人逐漸「習慣」這樣的刺激之後，反而更容易睡著。在習慣的狀態下睡著是一件很舒服的事情，但是電視關掉、刺激消失後，神經網絡便感受到「差異」。

神經網絡感受到的不是刺激的量，而是改變後的「差異」。電視開著的刺激量明顯較大，但無論刺激多大，久了人都會習慣，最後便昏昏欲睡。當電視的聲音與光線消失就形成了「差異」，就會讓人醒來。另一方面，在安靜房間中午睡的小孩，聽到腳步聲就會醒來，兩者的原理是相同的，只是發生的順序相反罷了。

人的神經網絡要感受到刺激，最重要的關鍵就是「差異」。例如關掉電視就會醒來（從有到無的差異）；午睡的孩子被腳步聲吵醒（從無到有的差異）；切換電視頻道也會清醒（從這一項到另一項的差異）；調高音量則會驚醒（從小到大的差異）。

過去的我們想盡辦法實現的願望、擁有的物品，卻因為神經網絡感受不到差異，而感到厭倦。每天做同樣的事情、使用相同的物品，感覺一成不變，逐漸變成理所當然。正因為感受不到差異就開始習慣、進入理所當然的狀態，最後就產生厭倦。

為什麼玩具戒指再也無法滿足小女孩？

從「習慣」到「厭倦」的過程是一種無法想像的強烈毒藥，對人生的各種面向帶來了不良影響。

以前失心瘋地購買的大量衣服，現在看來老氣落伍，讓我忍不住碎唸「沒有衣服穿」。原本全心投入的工作，也逐漸讓人麻痺。做完整型手術之後，應該覺得自己變美了，卻因為不滿足所以不斷進廠維修。一把年紀了還不學乖，成天追著年輕女孩跑，曾經發誓無論健康或生病都要彼此照顧、彼此愛護的兩人，就這麼分道揚鑣。這一切都是從「習慣」邁向「厭倦」的過程惹的禍。

當小女孩拿到塑膠做的玩具戒指，都會睜大雙眼，開心大叫。沒過多久便對玩具戒指感到厭倦，努力存下零用錢，購買一萬日圓的戒指飾品。不久後又感到厭倦，存下自己的薪水，購買五萬日圓的精品戒指。蜜月期一過，又想要買三十萬日圓的戒指。到最後只能購買全球只有一只的大師手工名戒才能感到滿足，即使如此，全球唯一還是無法永遠保鮮。

男性也是如此，剛開始只要開一輛小車就滿足，後來對國產車感到厭倦，購買好幾輛高級名車放在家裡仍然覺得不過癮，每次產生「厭倦」就要購買等級更高的新車才肯罷休。

習慣並厭倦自己擁有的物品，會使人失去刺激感。神經網絡無法從同樣的物品上感受到差異，於是必須透過消除、改變、增加或放大，才能創造差異。

以物質來比喻，必須透過換購新商品（改變刺激）、增加數量（增加刺激量）、購買價格更高的物品（放大刺激）種種行為創造差異。

只有當事者才懂的體驗

事實上，從「習慣」邁向「厭倦」時還會產生另一個問題。那就是這只有當事者才會有的體驗，其他人完全感受不到。別人認為五萬日圓戒指與國產車已經很好了，但只有持有者會感到厭倦、不滿足。

假設日本足球國家代表隊在世界杯足球賽上慘敗，隊員之一的本田圭佑沮喪地坐在更衣間。此時我會將手放在他的肩膀上，對他說：

「雖然比賽輸了，但沒有關係，拿出精神來。你的年薪超過好幾億日圓，還開帥氣的法拉利跑車。等你退休後可以盡情環遊世界，或擔任足球教練，你的未來還有很多事情可以做。你比我好多了，不要難過了，快提起精神吧！」

即使這麼說，我相信也不能安慰本田，讓他重新振作。他不可能回答我：「你說得對，我的確比你好多了，我擁有很多很棒的東西。謝謝你，我感覺好多了。」換句話說，唯有贏球才真正安慰到他。

喜悅的情緒只能持續三小時

人很快就會「習慣」刺激。創下大滿貫紀錄的網球選手阿格西在一九九二年奪下溫布頓冠軍後接受專訪，他表示：

「奪得冠軍之後，我發現一件只有極少數人才知道的事情。那就是勝利的喜悅無法與慘敗的痛苦相比，而且幸福的情緒也無法比悲傷的情緒持久。這兩種感覺毫無相似之處。」

此外，哈佛大學最受歡迎的課程講師，同時也是心理學家的塔爾·班夏哈，他的經驗也能佐證阿格西的發言。他在十六歲時成為以色列的壁球冠軍，當時每天固定練球六小時長達五年，才終於奪下全國冠軍寶座。不過，在參加完慶功宴，回家之後，他待在自己的房間裡，察覺到實現長年夢想的幸福感早已消失無蹤。換句話說，喜悅的情緒只維持了三小時。

這是只有一小撮人才能達成的遠大目標以及感受到的極致喜悅，沒想到不一會兒就「習慣」了。

人的喜悅有極限

還有另一個令人遺憾的事實。不管是一萬、五萬或是三十萬日圓的戒指，收到時的喜悅程度都是一樣的。收到五萬圓戒指時，喜悅程度不會是一萬圓戒指的五倍。笑臉上的嘴角不可能張到五倍大，開心的笑臉也不會持續五倍的時間，無論身處何處，人的情感都大同小異。物品價格沒有上限，但「人類的感情是有極限的」。

若擁有五萬圓戒指的喜悅正好是一萬圓戒指的五倍，那麼金錢和物質應該可以為我們帶來幸福。但無論你多富有或擁有多少物品，你感受到的喜悅與過去相差無幾，沒有任何不同。你之所以無法從擁有的物品獲得滿足，那是因為當你拿到新商品時，感受到的喜悅與微小事物帶來的興奮感幾乎相同。

喜悅的程度放諸四海皆相同，同樣的，人體潛能也有極限。即使是比爾．蓋茲這樣的富豪，胃容量也跟一般人一樣。並不會因為變成比爾．蓋茲，一天就要吃六餐，更不會因為變成有錢人，一天就比別人多一個小時，擁有二十五小時。

價格與喜悅不成正比

商品功能其實也是同樣的道理，一千萬日圓的跑車跑起來不會比一百萬日圓的小車快十倍，即使跑快兩倍也已經違反政府法律。定價兩百萬日圓的 Apple Watch，其電池續航力或處理速度也不會比四萬日圓的 Apple Watch 優越五十倍。

若商品價格是以功能性為基準呈倍數增加，那麼價格兩倍的汽車應該只要花一半時間就能抵達目的地；價格兩倍的羽絨外套，穿起來應該也有兩倍的溫暖。如此一來，金錢和物質就能帶給我們幸福。遺憾的是，事實並非如此。

從物品愈積愈多這個觀點來看，人類內建的從「習慣」邁向「厭倦」的模式，是無可救藥的缺點。不過，從「習慣」開始啟動的這個感受機制，卻也可能讓人在陷入困境時，找到戰勝挫折、重新振作並積極向前的方法。人既可習慣順境，也能習慣逆境。

只不過從增加家中雜物這個角度來看，這個行為模式會帶來了負面影響，各位一定要記住這一點。

未來無法預測

說到這裡，各位一定會感到疑惑：不管一個人買多少東西，他遲早會感到厭倦。

就算家中物品多到人人稱羨的程度，還是不滿足。

若厭倦了過去亂買東西，導致家中混亂不堪，相信之後新添購的物品，也很快就會被拋在一邊。既然如此，為什麼人不會厭倦這種惡性循環，而不斷過度消費？

原因在於人是以「現在」為基準，預測「未來」感情。人類是唯一可以預測未來的動物，但可以預測的未來時間其實比想像中還短。

各位是否曾有過這樣的經驗？肚子餓時去超市買東西，結果買了超乎預期的食物回家；當你肚子餓時，到小酒館點餐，結果點了一堆吃不完的菜而後悔。這些結果皆來自於你基於「現在」肚子餓的狀態，預測該吃多少的「未來」狀況所做的錯誤判斷。人一直認為自己可以預測未來，可惜卻連三十分鐘後的事情都無法正確判斷。

這種情形就跟前一天喝得酩酊大醉，第二天宿醉頭痛時，打從心底發誓自己再也不喝酒一樣。每個人遇到這種情形都會說：「我再也不要喝得這麼多。」但事實上，當頭痛症狀消解，第二天便故態復萌，再次喝到不省人事。

在炎熱的夏天裡，人無法想像冬天待在暖氣房有多舒服；到了寒冷的冬天，又無法想像半年後的夏天，待在冷氣房有多舒暢。即使是一再重複經歷的事情，人只會以「現在」做為基準去預測「未來」。

暢銷書《快樂為什麼不幸福？》的作者丹尼爾・吉爾伯特，對於以現在預估未來這件事，做了一個很棒的比喻：年輕人認為「DEATH ROCKS」這個詞彙很酷，希望一輩子都能伴隨自己，於是在身上刺了這兩個字。沒想到多年後，卻要花更多的錢去除刺青。

東西愈多，人愈不滿足

人類是所有動物中唯一會預測未來的物種，不過，這項功能只能運用在瞬間判斷上。例如遇到天敵時應該要逃還是要戰？獵食時應該如何追捕獵物？說得嚴格一點，人類只能預測幾秒後的事情。雖然只有人類能預測未來，但絕對不是用來預想幾年後的發展。人類可以預測的「未來時間」比想像中短。

我再舉個例子說明。假設你出門買衣服，看到一件穿起來很好看的外套，開心到立刻付錢買下。回頭看自己身上穿的舊外套不僅皺巴巴，顏色也褪了，相較之下，覺得新外套真的很好看。回家再次試穿，也覺得今天做了一個正確的決定。

遺憾的是，在還沒買下新外套之前，一般人就算可以想像「第一次穿那件外套的新鮮感」，也很難想像「穿到第十次，已經習慣那件外套的感受」，或是「一年後已經厭倦那件外套的感覺」。

當一個人處於還未購物前的現在，很難想像購物後，感受逐漸從「習慣」邁向「厭倦」的轉變。換句話說，在尚未滿足物質欲望的階段，人可以持續感受購物瞬間的喜悅感。這就是人永遠都在追求新商品，家裡雜物愈積愈多，而且無法跳脫這個輪迴的原因之一。

容我再次統整家裡雜物愈積愈多的原因。

我們已經擁有想要的一切，環顧自己的生活四周，就會發現所有東西都是自己在某個時期很想要的商品。沒有一樣東西是不想要的，或排斥的。

遺憾的是，我們卻在不知不覺中「習慣」了擁有的狀態，甚至感到「厭倦」。於是我們希望擁有新物品，增添刺激。我們想要追求更大的刺激，因此不斷追求更昂貴的商品；我們想要增加刺激量，因此不斷增加物品數量。我們很快就「習慣」甚至「厭倦」新買的商品，身邊物品再也無法滿足我們需求，最後只好再次消費。

即使別人認為我們擁有的已經足夠，但刺激只會發生在「當事者的心裡」，唯有自己才能創造「差異」。百萬日圓的國產車性能已經很完備，卻只有車主本人不滿意。

為了創造「差異」，當事者拼命購買新商品，感受到的喜悅程度卻跟過去差不多。喜悅是有「極限」的，不管買再昂貴的物品，喜悅程度都不會跟著放大。假設你收到一個五萬日圓的戒指，你展現出來的笑容絕對不會比擁有一萬圓戒指燦爛五倍。好不容易買到好東西，開心的程度卻比想像中來得小，與平常的感覺一樣。你發現這樣物品無法滿足自己，於是又繼續消費。

不只是喜悅程度不會跟著商品價格放大，商品功能也是一樣。兩倍價格的羽絨外套不會溫暖兩倍，於是再次出現不滿足的反應。這次覺得不滿足，希望下一次可以獲得滿足，因此又再購買新商品。明明每次都會經歷從「習慣」邁向「厭倦」的過程，卻還是忍不住根據現在的情緒預測未來。渾然不知人可以預測的未來，只是數秒之後罷了。在買某樣商品之前，人無法預測一段時間之後，自己又會開始「厭倦」那樣商品，才會一再陷入「不滿足接著又買新商品」的無限輪迴裡……

當人陷入這個無限輪迴之中，家中物品就會愈積愈多。無論家裡有多少東西，人都不會感到滿足。明明知道自己永遠不會滿足，卻還是認為下次一定可以獲得滿足。正因如此，我們才無法從增加的物品中感到幸福。

「功能性」才是判斷物品是否必需的基準

接下來我想花一點篇幅，思考人類為什麼這麼會囤積物品？

遠古人類使用「石器」，當時的石器具有卓越功能性，是真正的用品。

製作石器需要花費很大心力與時間，但石器為人類節省了超乎想像的氣力，幫助人類輕鬆捕獲獵物，剝除獵物的皮毛。假設製作一項石器需要花費一天，石器可以加快人類處理事情的速度，省下時間。換句話說，比起製作石器耗費的勞力，人類可以獲得更大的回報。而且石器做好之後，無需花費心力維護或管理，讓人類有更多時間從事別的事情。石器是當時最重要的「必需品」。

後來基於迫切的原因，人類開始使用陶器保存食物。當時的人類只能看天吃飯，能否採集到食物，能否獵捕到動物，都必須老天爺賞臉。若遇到天然災害，一切努力將付諸流水。人類無法預測未來，於是將剩下的食物保存在陶器裡。當時的「陶器」是最能滿足人類需求的必需品。

隨著時代演進，現在絕大多數的物品並非以「功能」取勝，人類是基於其他目的使用這些物品。為了擁有這些非必需品，人類要花許多心力與時間去維護管理。換句話說，人活在世上是為了那些「非必需品」努力工作。現代物品早已不是像石器那樣的「工具」，不知不覺間成為人類的「主人」。過去對我們言聽計從、百依百順的物品，漸漸對我們伸出控制的魔爪。

展現「自我價值」的物品

我們為什麼擁有那麼多非必需品？

擁有那麼多物品的目的是什麼？容我先從結論說起。

因為我們想要「展現自我價值」。

我們每個人亟欲透過物品，向全世界展現自己的價值。

每個人都內建「孤獨」應用程式

人是一種社會性動物，喜好群體行動。人類的臂力無法跟大型動物對抗，我們也沒有尖銳的爪子和獠牙。相信沒有任何人類可以單獨獵捕巨大的長毛象，為了存活下來，人類才會群聚生活。

人天生內建名為「孤獨」的應用程式，當人離群索居，就會感覺孤單。「孤獨」就像是一種警報系統，警示落單的人類趕緊回到人群裡，與其他人產生連結。想移除「孤獨」應用程式也是徒勞無功的。事實上，這個應用程式是在系統預設時就已經寫入，任何人都無法移除。

孤獨會導致疾病

各位不妨思考一下貓與狗的差異。讓一隻貓單獨留在家裡，貓不會出現異常反應，但若是留一隻狗在家裡，情形就不一樣了。讓一隻狗在家裡獨自待很長的時間，狗會不斷大叫，或在玄關來回走動。狗若長期處於孤獨狀態，很可能罹患憂鬱症。

人的天性不像可以獨自生活的貓，比較像膽小的狗。我們跟狗一樣是社會性動物，習慣成群行動，正因如此，人才會感到孤獨。並非生活寂寞的特定人士才會感到孤獨，所有人終其一生都要面對這個課題。

有些人看似與朋友和睦相處，有些家庭看似幸福快樂，但沒有人可以永遠地告別孤獨。一不小心孤獨就會找上你，我相信很多人都自認為有這個問題，其實各位無須太過在意。因為沒有人能移除孤獨應用程式，而且所有人都不時為擅自出現的孤獨深感困擾。

我們是群居生活，在社會中生存的動物。為了能在群體中生活、為了成為群體的一分子、為了增進社會，我們必須「展現價值」。人總是想要透過他人認同，展現「自我價值」。

罹患憂鬱症、甚至自殺的一大原因，就是當事者認為自己毫無價值。狗也是同樣的道理。當一隻狗長期處於孤獨狀態就會生病，因為沒有其他同伴，便無法確認自己的價值。

遺憾的是，小狗無法上推特發「我現在獨自看家」的推文，或是上論壇發表「【不幸消息】主人長期旅行，家裡只剩我一隻狗……」的貼文討拍。況且社群網路上也沒有其他狗。世上沒有任何方式可以療癒孤獨，而且孤獨會導致疾病。

透過別人，才能看見自己

根據統計，日本的憂鬱症患者高達一百萬人，每年自殺的人數超過兩萬五千人。三一一東日本大地震的罹難者約兩萬人。換句話說，每年的自殺人數，竟然超過大地震所造成的罹難者。為什麼會有這樣的結果？

日本既未處於戰爭狀態，也是一個富足的國家。人人吃得飽、睡得好且安全無虞，每個日本人皆滿足了最低需求。

大家常為了餬口而工作，事實上，在日本真正因為沒東西吃而餓死的人，大概只有幾十人。可是，竟然有兩萬五千人自殺！原因在於，

人唯有認為「自己有價值」才能活下來。

一旦覺得自己沒價值就失去活下去的目的，完全不想做任何嘗試。最後便罹患憂鬱症或走上自殺之路。適當地愛自己是活在這個世上不可缺少的一環。

除了食欲、睡眠等生理需求之外，確認自我價值可說是最強烈的需求，這項需求會反映在所有行為中。

想確認自我價值，就必須有對象。屬於社會性動物的人類，自然會想向其他人尋求認同，找出自己的價值。

我很認同「自己的價值由自己決定」這句話，但事實上，若處於孤獨狀態，不與任何人見面、上網也不與其他人聯繫、不發表新貼文，就無法確認自我價值。無論是看起來多堅強的人，都希望能有人關心自己。由別人來確認自己的價值，是最有效的方法。不透過別人這面鏡子，人就無法看見自己。

人的行為都為了自我價值

若喜歡的人喜歡自己，我相信每個人都會欣喜若狂。沒有任何一件事比喜歡的人（自己認為最有價值的人）認同自己的價值，更令人感到喜悅。不僅如此，另一半劈腿之所以讓人感到憤怒，通常是因為無法接受「有人比自己更有價值」的想法。一旦對方提分手，就會不顧形象地大罵對方。甚至認為問題出在對方身上，就是因為對方的價值觀錯誤，才會覺得自己沒價值、棄自己而去。

例如一輛豪華轎車停了下來，司機趕緊跑到後座開車門，車裡的大老闆好整以暇地下車，在兩旁好幾名部屬的簇擁下，威風八面地往前走。大老闆戴著太陽眼鏡與黃金飾品，展現出「怎麼樣？本大爺就是這麼值錢，罩子放亮一點！」的態度。

因為人的一舉一動都是為了展現自我價值。

或是，有人在臉書上對自己的貼文按讚，或追蹤自己的社群網站，我們都會感到開心。

因為我們知道這個世界上有人認同自己。

LINE 的留言已讀未回、店員的態度很差，這些都會讓我們感到憤怒。

因為我們都希望別人能尊重有價值的自己。

即使我們向別人訴苦，嘴裡說著自己毫無價值又糟糕，但我們想聽到別人說：「才沒有這回事，你是個有價值的人。」

希望他們肯定自己。

不只如此，我們也喜歡批評別人，只要拉低別人的價值就能讓自己安心，同時肯定自己的價值。這就是「批評」的本質。

當一個人感受不到自己的價值，很可能採取偏激的行為。為了肯定自我價值，人會對比自己弱小的人出手。

例如在學校遇到不順遂的事，便覺得別人以及這個社會不了解自己的價值，於是在學校瘋狂開槍掃射。

也有人覺得自己的族群價值被糟蹋了，於是策劃恐怖攻擊報復。

這也是我寫這本書的動機，雖然不完全是為了肯定自己，但確實有一部分是為了證明「自己還有點價值」。

人類既然是社會性動物，就必須「認可自我價值」。人必須適度自戀才能生存。正因如此，認定自我價值並非一件壞事，事實上，這是必要的想法。

問題出在如何讓別人知道「自己有價值」的方法。

快速展現自我價值的方法

人的價值有很多種。最淺顯易懂的就是外在，帥氣、可愛、美麗、高挑、窈窕、壯碩、時尚，這就是外表給人的感覺，一眼就能看出一個人的價值。女性追求美麗，受到廣告和雜誌影響，近年來男性也熱衷鍛鍊身體，保養肌膚。外表創造的價值不只淺顯易懂，還很有效。不過，不論如何提升外表，終究有其極限。就像我再怎麼努力，也不可能變成媲美時尚模特兒的型男。

除了外在之外，內在也有價值。善良、有趣、勤勉、體貼、開朗、認真、聰明、親切、有勇氣，內在價值與外在價值不同，內在價值沒有極限，只要磨練絕對有利於自己。

唯一要注意的是，內在價值很難展現出來。有些人看似有勇氣，遇到緊急時刻卻第一個逃跑；有些人看似風趣，私底下可能很任性。唯有花時間相處，才能真正看清一個人的內在價值。

物品反映了你的內心

既然如此，就用物品反映我的內在世界吧！利用物品反映內在，就能轉換成顯而易見的外在。

只要穿上合身的深藍色直條紋西裝、閃閃發亮的褐色皮鞋，手上戴著一只功能多元且精密的手錶，再開一輛外國進口車，看起來就像是一名很會賺錢的富豪。

我們必須花很多時間才讓其他人看見自己的工作能力、創造力、勤勉度與耐性等特質，但透過物品，一切便輕鬆許多，這就是很多人以物品展現自我的原因。物品有別於內在，任何人都能一眼看到，立刻就能展現自我價值。

仔細想想，過去的男人以狩獵採集維生，不需要經過各種考驗即能展現工作能力。觀察家裡儲備的糧食量，即可立刻看出他的工作能力。基本上現代日本沒有人處於糧食危機，就算男人到超商買一大堆食物回家，也不能代表他的工作能力。正因如此，我們已經不能從家裡囤積的糧食或總熱量來評估男人的工作能力，必須透過其他物品突顯自己，讓別人感受到自己的價值。

衣服就是展現自我價值的物品之一。搖滾造型代表不受限的個性、自然風格的穿搭讓人看起來溫和沉穩、時髦打扮展現獨特品味、休閒裝扮傳達隨和特質，即使是對外在穿著毫不在意的人，也會散發出我不在意穿著的自我價值。品味卓絕的家具、珍貴的古董收藏品、牆上的海報、庭院裡的盆栽，全都能展現自我價值。

我很喜歡功能性強的蘋果製品。不過，若能在首賣日買到 iPhone 6，我相信大家都想要到處炫耀，也會想在星巴克拿出 MacBook Air 使用。對我來說，兼具設計與實用的蘋果製品，可以輕鬆展現自己的品味。事實上，這種心態每個人都有，無需太過在意。

雜物的逆襲

話說回來，若將展現自我價值當成購物的藉口，就會導致家中物品愈積愈多，衍生出各種問題。

值得注意的是，增加的物品會逐漸失去原本的意義，不再是展現自我價值的方法，反而變成購物的目的。換句話說，「物品」會變成「你的分身」，讓人誤以為「物品」就是「我」。一旦形成這樣的觀念，家裡東西就會愈積愈多。

既非工具，也不是用來展現自我價值的物品會開始將魔爪伸向主人。既然物品代表擁有者，增加物品便等於增加擁有者的分身，這件事就會變成購物目的。

不僅如此，擁有者還要花費極大心力與時間去維護管理數量龐大的物品。若從物品代表自我價值，以及代表擁有者本身這個角度來看，購買、維護、管理物品便成為人生中最重要的目的。

別讓物品控制你

前面章節的描述不太容易理解，接下來我以自己為例，向各位說明。

以前我在家中走廊設置了一整排的書櫃，裡面堆滿書籍。儘管我擁有無數書籍，但大多看過之後卻不太記得書中內容，根本沒吸收。大學時我很愛買艱澀難懂的作品，但大多數只翻過幾頁，從來沒認真閱讀。由於這些書擱在書櫃裡好幾年，已經不能用藏書不讀來形容。若要真的命名，我的書櫃可說是一本極長篇小說，名為「從未讀過的現代思想，二十世紀最棒名作」！

現在的我很清楚當時為什麼無法丟掉看完的書，而且就連不打算看的書也一直放在家裡。因為我希望透過書櫃，展現自己的價值。

我想告訴大家：「我看了這麼多書，你們只要看到我的書櫃就知道，我的興趣相當廣泛，我的好奇心十分強烈。我知道這本書，也聽過那本書，不過，這些書我都只看過書名而已。雖然我沒看過，但真的很感興趣，正因如此，我才會買一大堆書回家。儘管看不太懂，但我真的有看內容艱澀的書籍。我的外表很平凡，也不太會說話，但我的內在世界充滿豐富知識。我是一位有智慧且『深不可測』的人。」

明明讀過的書早就忘光，根本沒吸收內容，卻還是持續買書回家。我想藉由家中大量的書籍，顯示自己的價值。久而久之，便將這些從未讀過的書當成「自己的分身」。事實上，我根本不需要這些書。囤積在家裡的 DVD 與 CD 也是如此。古董雜貨、牆上的時尚照片、餐具與相機收藏，全都是為了突顯我的個人價值而存在，但我幾乎沒用過。

當家中雜物太多，就無法充分用到每一項物品，新商品一買回家幾乎沒用過幾次。也因為家中雜物太多，不好清理，最後便讓自己住的房子變成垃圾屋。這樣的生活讓我愈來愈沒自信，逐漸失去幹勁。我不想面對日漸消沉的自己，於是成天酗酒，過著悲慘的日子。

「傷害自我價值」的雜物

當時我一直認為自己擁有的物品可以展現自我價值，到最後卻連自我都迷失了。

這些花大錢並費盡心力買來的物品，讓我賠了夫人又折兵。

寫到這裡，似乎又複雜了起來。容我再次統整說明。

物品原本只是工具，就像石器與陶器一樣有其功能性。剛開始人只擁有真正必要的物品，隨著時代演進，社會變得愈來愈富裕，在不知不覺中物品失去了它原有的目的。如今物品只有一個目的，亦即滿足人類的深層欲望，確認擁有者的價值。

人類屬於群聚行動的社會性動物，若不能確定自我價值，便無法存活在這個世界上，最後罹患憂鬱症，甚至自殺。唯有受到別人認同，才能獲得肯定。

自我價值除了顯而易見的外在之外，還有內在價值。但內在價值很難展現，而且需要時間。由於人的內在世界不像物品具有形體，每個人都能看見，因此透過物品就能迅速達到突顯內在價值的目的。

不過，若過度依賴這個方法，人會被大量雜物困住。這些物品最後會取代擁有者成為主人。此時人會陷入一種心理狀態，認為家中物品愈多，自己就會愈多，於是家中物品只會增加不會減少。

當物品增加到一定程度，接下來便開始吞噬物品主人。主人必須花大量時間與精力維護並管理這些自我化的物品。如此一來，原本只是工具的物品翻轉成為人類的主人。物品既不能發揮功能，也不是展現自我價值的方法，最後成為傷害自己的多餘雜物。物品成為主人，擁有者則變成奴隸。

到了這個階段，物品只會傷害擁有者，還會持續進化成為剝奪精力與時間的凶猛怪物。物品不是工具，它變成了主人，迫使你忙碌工作，奉獻一生。陷入了人類奴隸與物品主人相互抗爭的異常狀態。

物品本身沒有好壞，而是當數量過於龐大時，它們將控制你的生活。我們一定要重新省思這樣的價值觀。物品不能代表我們，當然也不是我們的主人。它們原本只是工具而已，不是為了顧及他人眼光而存在。人類擁有物品，只是因為自己需要。

下一章我將具體說明減物的方法。每個人都可能有這樣的需求，不妨試著客觀地重新檢視自己擁有的物品。這個社會已經做好準備，你不需要擁有多餘雜物。

接下來請跟著我一起丟掉「傷害自我價值」的多餘雜物吧！

第3章

五十五項減物法則！

chapter 3
Final list of 55
ways to throw
things away!

rule

01

捨棄「無法丟東西」的刻板印象

這個世界上沒有「無法丟東西的個性」，只有自認為「自己無法丟東西」的刻板觀念。心理學有個專有名詞稱作「習得性失助」，當一個人處於可以自我改善的狀況，也有改善的能力，卻因為自己「無法或捨不得丟」而經歷無數失敗，最後就會放棄改變。

只要清楚知道自己丟不下手的真正原因，就能學會丟東西。各位要理解的是，能否丟東西並非取決於個性。這個世界上不存在丟不掉或捨不得的個性，你只是不熟悉「丟棄的技術」罷了。你並非沒養成「丟棄的習慣」，而是養成了「不丟的習慣」。過去的我住在垃圾屋，如今住在極簡的房子裡，我改變的不是我的個性，只是養成丟棄的技術與習慣而已。

rule 02

丟棄是一項「技術」

人不可能不經過學習，就突然會說法文；同樣的，你也不可能今天早上一醒來，突然變成斷捨離的高手。一路走來，我丟過無數東西，從我開始丟東西到現在已經五年多。各位無須擔心，丟東西的時間是可以縮短的。

丟東西其實一點也不花時間。第一天先丟垃圾；第二天賣掉書與CD；第三天賣掉家電；第四天回收大型家具。無論家中物品有多少，只要像這樣按部就班地處理，一星期就能丟完所有多餘雜物。我們之所以花那麼多時間丟東西，並非花在在丟東西這件事上，而是下定決心丟東西。就像我們學外文，愈說就會愈流利，只要我們持續丟、每天丟，便愈來愈懂得如何丟東西。養成習慣，就能縮短丟東西的時間，一輩子都受用的公式。正確來說，丟棄是一項「技術」。

rule

03

丟棄不是「失去」而是「收穫」

一提到丟棄，大家都會有一種失去的感覺，內心湧現負面情緒。各位一定要拋開這樣的想法，事實上，丟東西可以讓我們獲得更多。我們將擁有超乎想像的時間、空間、自由、便利性和重生的能量。關於這些收穫，我將在第四章進一步說明，我要再次強調，放手能讓我們擁有更多。

不要只想著因丟掉而失去的物品，而是要專注於丟棄後帶給我們的收穫。

我們要丟的東西具體可見，所以讓我們猶豫不決，丟棄後的收穫看不見，所以很難察覺。不過，看不見的收穫，比我們丟掉的東西更有價值。

丟棄時不要感傷自己「失去」的物品，應該專注在「收穫」上。

rule

04

找出無法丟東西的原因

很少有人能在一夜之間蛻變成極簡主義者。誠如先前所說，丟棄是一項技術。我一開始也無法丟東西，但後來愈丟愈有心得，即使如此，我還是有很多丟不下手的物品。「無法丟東西」並不可恥，所以請務必明確察覺箇中原因。在最初的階段丟不掉東西也無須在意。

請你用手觸摸自己丟不掉的物品，問自己為什麼丟不掉。是因為價格昂貴？罪惡感？沒有好好使用物品，覺得自己很丟臉？對送禮的人感到內疚？不想連回憶一起丟掉？無法拋棄虛榮心？或是純粹不想丟，因為很麻煩？

剛開始無法丟東西沒關係，只要弄清楚原因即可。

rule

05

你並非「無法丟東西」，只是「討厭丟東西」而已

哲學家史賓諾沙曾經這麼說：「當人說不可能時，代表他已經決定不做了。」人雖然會希望減少身邊的物品，但內心還是覺得自己丟不下手。認真找出原因真的很重要。

唯一要注意的是，絕對不能因為是自己的感覺，便不加思索地接受這個原因。因為這個原因很可能經過美化，例如充滿美好的回憶、重要的人送的禮物等等，在美化過的原因背後，通常都存在著真正的理由，像是丟掉這項東西很麻煩。

人通常喜歡維持現狀，享受安逸。丟東西是一種行動，讓東西「原封不動」不是行動，而是維持現狀，這樣確實比較輕鬆。當一個人一味追求眼前的安逸，維持「原封不動」的現狀，有一天就會被大量雜物圍繞。

rule 06

在有限時間裡做真正重要的事

我原本有好幾個銀行帳戶，後來統整成一個，也剪掉了不常用的信用卡。現金卡與信用卡只是一張薄薄的卡片，卻耗費我們太多心力。光是記住餘額剩下多少、繳款日期，擔心卡片被偷、被盜用就已經耗掉許多心力，更別說若是不小心錢包掉了，還要花時間聯絡發卡銀行掛失並申請新卡。

沒想到小小的一張卡片會占據我們這麼多時間和心力。現代人的身體構造與五萬年前一模一樣，完全沒有進化，所以我們沒有多餘的精力去應付無謂的事物。我們一定要刪除更多不重要的事物，讓心和腦迅速動起來。若不這麼做，我們將無法判斷什麼才是重要的。就算真正重要的事物出現在我們眼前，我們也會被拖累，無法確實行動。

rule

07

從「現在」開始！丟棄就是一切

等我處理完手上的案件、等我有空之後，我再來丟東西。等事情告一段落，等「哪天」再來丟吧！只要你有這種心態，丟東西的「那一天」就絕對不會到來。

絕對不是等事情告一段落再來丟東西，而是東西丟了，才能獲得心靈的平靜；絕對不是有空再來丟東西，而是東西丟了才有空。你要做的是立刻行動，現在就開始丟。丟棄是你目前的第一要務。

雖說丟棄是一項技術，但絕對不是先學好技術再開始丟，也不是先看完本書再丟。磨練技術最好的方法就是邊丟邊學。請各位立刻闔上書本，準備好垃圾袋吧！

現在不丟就不會丟了，若你還在想有空時再丟，那麼你永遠丟不了。丟棄正是一切的開始。

rule

08

丟了之後絕不後悔

若從之前住的垃圾屋算起，我現在擁有的物品差不多是當時的百分之五。假設當時我有一千樣東西，我已經丟了九百五十樣。而且我從來沒有後悔過。因為，那些東西對我而言微不足道。

人之所以不想丟東西，都是因為害怕之後還會用到，或認為未來可能會慶幸自己沒丟這樣東西。

我能理解這種心情，這是每個人都會有的情緒反應。但我想對這樣的擔憂說一句話：「丟了之後絕不後悔」。我還要對所有丟掉的雜物說：「把你們丟掉是對的。」

rule

09

先從垃圾開始丟

善用養成習慣的小祕訣，幫助我們丟東西。養成慢跑習慣最有效的方法是，第一天以「走到玄關」為目標；第二天則是以「走到玄關穿慢跑鞋」為目標。每天達成一個小目標，累積愈多成功經驗後，未來就能達成終極目標。棒球選手鈴木一朗曾經說過：「不斷累積小細節，是通往成功的唯一途徑。」丟棄也是同樣的道理。從現在起，一步步累積「丟掉東西」的成就感吧！

第一步就從顯而易見的「垃圾」開始丟起。例如空罐、空的便當盒等等。如果你家到處都有這類東西，請立刻丟掉。打開冰箱檢查裡面的食物，丟掉那些過期食品吧！將破損的衣服全部丟掉，壞掉的家電也全部丟掉！從一看就知道是「垃圾」的雜物開始丟。

rule 10

同樣的東西超過兩個以上也要丟掉

若同樣東西超過兩個以上，你也可以丟掉了。你家裡是否有兩、三把剪刀？沒用到的原子筆有五、六支？極少使用的毛筆也有兩支？人之所以不知道東西放在哪裡，通常都是因為同樣東西超過兩個，而且都沒有固定位置。在這樣的狀況下，同樣物品會散落在家中各個角落。一旦同樣東西超過兩個以上，便很難掌握庫存量。

如果你家裡有三把剪刀，無須一下子丟掉兩把，可以只丟一把。選擇標準相當簡單，凡是自己不喜歡的、沒在用的、功能性較差的物品，請全部丟掉。減少剪刀數量，並不會妨礙你剪東西；減少原子筆數量，也不會讓你無法寫字。

超過兩個以上的東西請減量，以留下一個為最終目標。

rule 11

丟掉一整年沒用的東西

減物最有效的鐵則，就是丟掉沒用的東西，不再使用的物品也要丟掉。如果是今年冬天一定會用到的毯子，每年都會穿的羽絨外套，或是明年夏天一定會穿的泳衣，這些物品請務必留著。

不過，若是一整年都沒用到，即代表以後再也用不到了。今年沒用到的東西，明年依舊派不上用場，而且沒有它也不會造成任何困擾。請記住，無須留下一年用不到一次的多餘雜物。不過，因應緊急災害用的特殊裝備與用品不在此限。

無論多努力清掃，家裡一定會堆積灰塵，如果你一直在清理同樣物品上的惱人灰塵，這代表你應該丟掉它了。只有沒用到的雜物才會有灰塵。今年沒用到的東西，明年、後年也不會用到。如果某樣東西三年才用一次，不妨用租的，不用買。維護與管理雜物，不僅浪費金錢，也浪費體力，不要再做這種浪費生命的事情了。

rule

12

丟掉虛榮品

我在第二章說過，有一定經濟基礎的人會利用物品突顯自我價值。從自己擁有這項物品的原因是「自己喜歡」或「想彰顯自我價值」來省思，也是很有效的方法。每個人都想知道自己在別人眼中是什麼樣子。如果你擁有某樣東西純粹是為了滿足虛榮心，不斷耗損自己的生命能量，請務必丟掉。

無論是在自己喜歡的家具和餐具圍繞下，過著美好生活；擁有好車、手錶與鋼筆，營造瀟灑帥氣的形象；利用頂級精品和昂貴化妝品，打造風華絕代的氣質；或是購買大量戶外用品，挑戰大自然的極限，每個人都用自己的方式突顯自我。

只要不耗費多餘心力維護與管理手邊物品，充分發揮每樣物品的功能，每次使用都會感到無比喜悅，那就是你真心喜歡的物品。純粹用來滿足虛榮心的東西，請丟掉吧！

rule 13

分辨「需要」和「想要」

容我舉個極端的範例來說明。有個人穿著單薄的衣服、抱持著隨興的心情去登山，他毫無登山知識，沒想到卻在某處迷路了。此時天氣突然下起大雨，雨水將他淋濕，身體開始發冷，更糟的是，他沒帶任何食物。後來好不容易發現一間小屋，趕緊躲進屋內，用毛毯包裹身體，維持體溫。在這個情況下，毛毯是他真正「需要」的物品。

現代社會蓬勃發展，到處都在販售令人著迷的新商品，包括最新的家電、生活用品、時尚配件、服裝，任誰看到了都「想要」。天氣冷的時候，只要有一條毛毯就夠了，偏偏就是想要擁有漂亮圖案的第二條毛毯，以及舒適觸感的第三條毛毯……

當你「想要」某樣物品時，先問自己是否「需要」。如此一來，你就能放下絕大多數的物品。知名僧侶小池龍之介曾說，把手放在胸口問自己這個問題時，若感到「痛苦」，那就代表那樣東西對你而言是「想要」，而非「需要」。正因為你覺得還不夠，才會感到「痛苦」。

rule

14

拍下自己丟不掉的物品

不瞞各位，這個方法將我從無法丟東西的地獄中拯救出來。每次丟東西難免會捨不得、猶豫不決，即使是現在，我也會拍下自己要丟的東西。前一陣子打算丟掉指甲刀之前，我也是先拍再丟。拍照的意義是為了讓自己懷念吧！人之所以捨不得丟東西，關鍵不在於東西的價值，而是蘊藏其中的回憶。

丟東西與丟掉回憶，是完全不同的。儘管理智上很明白這一點，卻還是捨不得丟，這就是受到感性的影響所致。人只要看到照片，內心便會湧現無數回憶。孩子們在學校做的作品、旅行買的紀念品、朋友送的禮物等，這些丟不掉的東西只要拍照下來，就能輕鬆丟棄。根據我的個人經驗，其實拍下來的照片也幾乎不會拿出來看。我拍了好幾千張照片，這些照片我認為留著也沒用，可以全部刪除。在丟東西的過程中，人會慢慢專注於「現在」。各位要做的就是拍下照片，有一天你會發現，即使不拍照片也能丟掉多餘雜物。

rule 15

利用數位產品記錄回憶

過去的我很喜歡底片相機，這一生不曉得花多少錢購買底片與沖洗相片。我每天都帶著自己最愛的小相機出門，到處拍照。雖然我很喜歡拍照，卻不善於整理。

每次從照相館拿回照片與底片就隨手扔在一旁，放任它們胡亂地塞在袋子裡。由於這個緣故，我完全想不起哪些照片是在哪裡拍的，也不記得是何時拍的。而且所有照片都隨便塞在壁櫥裡，更讓我不想拿出來看。

後來我將這些照片和親友寫給我的信，用 Scan Snap 掃描成數位檔，如此一來，我就可以輕鬆欣賞自己拍的照片。在資料夾上註明日期與拍攝地點，更方便我懷念過去。唯一要注意的是，一定要做好備份工作。善用雲端硬碟，無論走到哪兒，都能隨時回味自己的重要時刻。

rule
16

不要幫「雜物」同居人付房租

有句話說「人坐著只要半個榻榻米，躺著只要一個榻榻米的空間。」一個人需要的生活空間真的不大，就算與其他人一起住，所需空間也差不了多少。家中多了一名成員，並不會讓房租負擔變得太重。

話說回來，即使是一個人生活也會有同居人，名叫「雜物」。「雜物」坐著與躺著所需的空間十分可觀，沒有人可以比擬。

每個人都想住在大房子裡，卻不是為了讓自己住得舒適，而是為了讓「雜物」擁有足夠空間。「雜物」是成天在家的尼特族，不幫忙做家事就算了，還會加重家事負擔。你絕對不能甘心地幫「雜物」付房租，你只有兩個解決方法可以脫離困境，一個是立刻將「雜物」趕出門，另一個則是幫助過胖的「雜物」減肥，奪回被占據的生活空間。

rule 17

丟掉「收納」、「整理」的念頭

每次只要做完年終大掃除，每個人都覺得煥然一新、舒適自在。因為大家都趁著這個時候丟掉多餘雜物，整理散落在家中的物品，將它們歸位。即使如此，明年年終還要再重複一次相同工作。充分利用家中死角，將所有物品收納起來。訂製收納家具或購買收納用品，將散落在家中的雜物全部集中在一起，再塞進櫃子裡收納。隨著時間過去，生活再次忙碌起來，不知不覺中，家裡又恢復原本凌亂的模樣。除非你是一個自律甚嚴的人，否則依賴收納術和整理術的結果，只會讓你不斷地重蹈覆轍。

與其依賴收納或整理，你最該做的是減少物品的數量。只要減少數量，自然可以降低凌亂的機率。我住的地方幾乎沒有東西，自然不會凌亂。

rule 18

首先要丟的是「收納用品」

這是丟棄的一大重點。一般人會認為慢慢減少收納用品裡的東西，等到完全沒有需要收納的東西時，自然就會丟掉收納用品。

各位不妨想像一下我們驅除害蟲的過程。我們會先驅除害蟲再拔除巢穴，還是直接拔除巢穴？想要一隻隻地解決所有害蟲，不僅曠日費時，害蟲更有可能在巢中繁衍，根本消滅不完。換句話說，只要「收納用品」還在，就算我們真心想要減物，雜物還是會不斷出現。所謂擒賊先擒王，各位一定要先從「收納用品」開始下手。

丟掉收納用品，雜物就會滿出來，不是堆放在該處，就是散亂一地。當人看到這樣的景象，不可能無動於衷，一定會想辦法整理，於是開始減少東西數量。沒有地方收納的物品，久而久之就會消失無蹤。

rule 19

家中死角更要維持淨空

討論收納術時一定要提的就是「死角」。在收納專家眼中，這個沒放任何物品的空間能運用各種收納技巧起死回生，將這個空間填滿。例如看到洗衣機上方一直到天花板的空間閒置著，便放上置物架，擺放毛巾和洗衣精等物品。還有些人會在所有閒置處架上伸縮桿，掛上掛勾，不努力減少雜物量，反而企圖增加收納空間。再這樣下去，收納空間遲早會被填滿，住在裡面的人永遠不可能過著舒適愉快的生活。

搭上一輛擠滿人的電車，會讓人覺得喘不過氣來；同樣的，充分運用各種收納技巧，將東西塞滿各個角落之後，看到擁擠不堪的家裡，也會讓人感到窒息。更重要的是，從頭開始完成收納會耗費過多心力。誠如「無用之用」這句話帶來的啟示，閒置空間更能讓人感覺平靜。乍看之下是死角的空間，才能讓人湧現無盡活力。

rule 20

丟掉永遠不會來的「總有一天」

通常買家電時都會附贈許多配件，例如吸塵器附贈的從未用過的小吸嘴、不知道用處的螺絲與電纜線，我們會為了不時之需將這些配件保留下來。現在回想起來，我們從來沒在真正需要時拿出這些配件使用，因為我們早就忘記它們的存在。就連家電壞掉時一定會用到的保證書，我也從來沒用過，所以一拿到就丟了。

我們總是認為有一天一定會用到，於是將糖果空罐、漂亮的紙袋保留下來；買來放在家裡的英語會話教材，還在等著有空的那一天；更別提那些用沒幾次就堆在一旁的嗜好用品。各位一定要了解，你期待的「總有一天」永遠不會到來。請丟掉「現在」不需要的物品，因為未來也不會用到。

rule

21

丟掉「過去」的執著

判斷東西去留的重要關鍵，在於「現在」的我是否需要。為了未來的「總有一天」而留下某樣東西，到頭來只是白忙一場；同樣的，執著於「過去」的經驗，也會讓家中雜物持續暴增。

例如學生時期的教科書、小時候讀過的勵志書、很久以前穿起來亮眼動人的衣服、曾經有一段時間很熱衷的興趣用品、戀人送的禮物等等。

當人執著於過去，就無法接納新事物。那些物品對過去的自己來說確實很重要，但若不徹底告別過去，就無法正視最重要的「現在」。

沉溺於過去事物代表自己一直活在過去，等於不斷在自己身上刻印洗刷不了的偏見。若你很喜歡現在的自己，那就另當別論。若你想改變自己，只要留下「現在」最需要的物品，其他全部丟掉。

rule 22

丟掉「早已遺忘」的東西

我認為極簡主義者最理想的狀態，就是可以說出自己目前擁有的所有物品。只要是用得到，而且是自己需要的，你就一定會記得。反過來說，你記不得的東西就是你不需要的。

當你翻遍整個房間，想找出要丟的東西，一定會找到「自己都不記得曾經買過」，以及「看到才想起自己買過」的雜物。塞在衣櫃深處的衣服就是很好的例子。你可能會想再拿來穿，搭配出全新風格，不過，這麼多年來沒有它也過得很好，這代表你根本不需要這件衣服。若那件衣服對你真的那麼重要，它不可能一直睡在衣櫥深處。同樣的，你也不需要那些掉落在電視櫃與牆壁縫隙間的小東西，若它們真的那麼重要，你一定會拼了命把它們找出來。如果你家裡還有搬家後還沒拆封的紙箱，那些也是你不需要的多餘雜物。要是家裡有「忘記裡面放什麼」的紙箱，不妨整箱丟掉。

rule

23

不要發揮無謂的「創造力」

當一個人決定丟掉某樣東西時，就會激發出驚人的創造力。

例如看到一個空罐便開始想「這個空的餅乾罐看似沒什麼用，但應該可以拿來裝藥」；看到一個用舊的托特包，正想明天拿去丟時，又突然想到「這個包包可以拿來裝紙袋」；發現一個好久沒用、設計得十分精美的香水瓶，正打算丟掉，卻又靈機一動，告訴自己「等我有空時，我要去台隆手創館買電線，將這個瓶子做成漂亮燈具！」

我相信這盞燈永遠不會完成。事實上，這個時候激發出的創意，純粹是人們想要逃避丟東西這件事硬擠出來的藉口。只要開始丟東西，人就很容易變身成一流的創意家，這個時候出現的天才想法都不能輕信，請務必謹記在心。

rule

24

丟掉「回本」的念頭

「價格昂貴」是讓人捨不得丟東西的最重要理由之一。因為擁有者會認為「還沒回本」，現在丟掉太浪費了。事實上，就算留在身邊，也很少有人會真的用到回本。

有些衣服的設計與顏色真的很好看，卻因為尺寸不合一直放在衣櫥裡。即使如此，內心還是想著總有一天能穿，再加上買這件衣服的錢已經花出去，一定要穿夠本才行，於是遲遲捨不得丟。

實情卻是那件衣服長期占據著衣櫥空間，每次看見它就會提醒自己「從來沒穿過」、「買了真浪費」，心情跌落谷底。若將受到的損失換算成金錢，這件衣服等於每天從你的錢包偷走數十圓或一百圓。就像持續走跌的股票一定要設停損點賣出一樣，你一定要丟掉「回本」的念頭，承認虧損，即早放手。如此一來，才能真正守住你的荷包，也能維持穩定的情緒。

rule

25

丟掉「庫存」

每次用完衛生紙或面紙等日用品都要出去買，實在太不方便，於是決定一次買多一點備用。加上大量採購較便宜，每次都買一大堆。各位，從今天起，請丟掉這個想法。

多買的物品只會占空間，還必須準備適合的收納用品。若庫存過多，很難掌握確實的數量。在店裡看到正在特價的棉花棒，不確定家裡是否還有庫存，又覺得真的很便宜，便決定買回家。一回家才發現，家裡的庫存數量跟藥局一樣多，頓時啞口無言。

家裡只要放一個庫存品即可。庫存用完後，再去買一個回來放。習慣之後，再將庫存數量降為零。每次用完再去買。很多人遇到緊急狀態就會失去理智，將店裡的庫存全部搬回家，絲毫不在意造成別人的困擾，這種做法真的很糟糕。因此，平時就要戒掉囤貨的習慣，需要時再買。

rule

26

感受「怦然心動」的感覺

暢銷作家佐藤麻理惠的《怦然心動人生整理魔法》中，有一個關鍵字叫作「怦然心動」。在揀選物品時要用手觸摸，只留下令自己心動的物品。這個判斷方法十分簡單、方便。有些物品價格昂貴，卻因為某些特點自己不喜歡而一直沒用；有些則是無法充分發揮功能，反而造成負擔；有些東西則是完成了它的使命，從今以後不會再用到，這類物品不會讓人怦然心動。「怦然心動」是一種直覺，而且十分精準，值得信賴。

唯有「現在」才會產生怦然心動的感覺，過去和未來都不會，因此這個方法能讓人專注於「現在」。加上瞬間的直覺判斷，可以幫助我們輕鬆丟掉過去捨不得丟的東西。

丟東西時一定要問自己「為什麼捨不得丟？」確認自己是否「怦然心動」，可以幫助我們鍛鍊出更敏銳的感覺。

rule 27

利用拍賣代理網站處理雜物

我透過拍賣代理網站處理掉不少雜物，無論是不穿的舊衣服、不用的家電或相機收藏品，全都在網站上賣掉了。在所有雜物中，最令我難忘的是可以沖洗底片的顯像機。那台顯像機我花了十五萬日圓得標，還跟朋友借錢才付得出來，但買回家後從來沒用過。雖然擺在家裡很礙眼，但我一直認為哪天再拿去拍賣，至少可以賣到十萬日圓，就這麼一直擺著。最後終於忍不住，只好拿去回收。沒想到在家裡放了這久的收藏品，到頭來還要自己花錢處理掉……

我習慣使用「Quick Do」拍賣代理網站，只要先在單子上寫下簡單的介紹，將物品寄過去，對方就會幫我上傳到網站拍賣。雖然得標後支付的手續費頗高，但我不用親自處理複雜的上架作業，也不用擔心寄送過程。還能隨時上網追蹤拍賣過程，真的很方便。拍賣代理網站能幫我們一次處理所有雜物，省下許多麻煩，各位不妨多多利用。

rule 28

利用拍賣網站再度檢視

若是透過「雅虎拍賣」這類傳統拍賣網站，我必須自己拍攝商品照片，撰寫商品資訊，處理寄送問題，過程相當繁雜。為了省事，我透過前一節介紹的拍賣代理網站，處理掉不少雜物。

本書開頭介紹的伊藤光太曾跟我分享，他認為利用拍賣網站賣掉手邊的雜物是最好的方法。伊藤過去也買了一大堆樂器和相關器材，後來全部放到拍賣網站上賣掉了。

親自使用拍賣網站確實很麻煩，必須拍出好看的照片，仔細說明物品規格與特色。但在這個過程中，能讓自己重新回想起購買這項物品時的心情。這就是伊藤建議使用拍賣網站的原因。

不僅如此，還能幫助自己思考現在不需要這項物品的理由。透過複雜程序，再次面對自己擁有的物品。加上處理過程很麻煩，還可以提醒自己「絕對不要再犯相同錯誤」。放手，讓我們往前邁進了一小步。

rule

29

善用到府收貨服務

委託拍賣代理網站還是必須將物品寄出，此時就要忙著張羅紙箱，準備打包。

若想省下這些麻煩，不妨與提供到府收貨服務的業者合作，雖然收購價格比拍賣代理網站低，但無須細心包裝，只要在家裡等業者來取貨即可。

我在處理電視等大型家電時，曾與他們合作。光是打包電視就耗費了許多心力，後來連PS3和家庭劇院也一起賣給他們。我的藏書超過一千本，當時請神保町的二手書店來家裡收書，想要全部賣給他們。原本我請對方一本本估價，但對方只出一口價兩萬日圓……雖然價格不高，但可以一次將書賣出去，省下許多麻煩。這些最簡單省事的方法讓我成功擺脫多餘雜物。

rule 30

不要一直想著購買時的價格

當初購買四十二吋電漿電視時，花了八萬日圓左右，後來只賣了一萬八千日圓。花了四萬日圓購買的家庭劇院，賣掉時只值五千日圓。

老實說，我認為這些物品可以賣更好的價格。因為才用了三年，保存狀態也很好，若是自己上網賣，說不定可以賣到兩倍價格。後來才發現，我在擁有那些物品的期間，一直以價格來看待物品價值。在這種情況下，自然很難放手。

再新的車子、房子，到了第二天就變成中古車與二手屋。同樣的，絕大部分的商品在售出之後，價格會逐漸下滑。人總是高估自己身邊物品的價格，各位一定要以真實的價格看待二手商品。如此一來，更能輕鬆放手。

rule 31

所有商店都是你的「倉庫」

作家四角大輔曾在自己的著作中，提倡「外頭都是你的倉庫」的思考方式。事實上，這個想法可以輕易幫助我們減少家中庫存。外頭的商店為了滿足你的不時之需，特地規劃了倉櫥，並細心管理。便利超商為了在你需要時提供服務，特地二十四小時營業，成為全年無休的倉庫。你去這些地方並不是去「購物」，而是在需要時去倉庫「拿存貨」。

沒必要在家裡設置倉庫，每個月付錢租倉庫無異是一種浪費。更無須將大量物品塞進倉庫，讓自己感到窒息。

日本到處都有商店。店員無不笑臉迎人，提供親切服務，而且商品庫存也很充足。只要出門就能看到笑臉迎人的客員。不僅如此，亞馬遜網站也是一座大型倉庫。你身邊存在著各式各樣的便利倉庫，真的不需要將倉庫設置在家裡。

rule 32

整座城市都是你的「居家空間」

想在客廳放一張坐得下好幾個人的大型沙發——我可以理解這種心情。但，我認為「家」不一定要有客廳，將客廳設置在「城市」裡即可。我的「客廳」是擺設著舒適沙發，坐好幾個小時都不會累的大眾餐廳，以及點一杯咖啡聊好幾個小時也不擔心被趕出去的老式咖啡廳。我可以理解一般人想要呼朋引伴，在家裡舉辦火鍋派對的心情，做出一道道媲美餐廳的時尚前菜，舉行溫馨熱鬧的家庭聚會。不過，一般人舉辦派對的機率相當低，為了一年可能辦不到一次的聚會，你必須在家裡擺放多餘物品，占據閒置空間，更糟糕的是，這些物品和空間的浪費將與日俱增。

如果是我，我會這麼說：「想吃火鍋啊，這個提議很棒！不過我家什麼都沒有，沒辦法在家裡辦火鍋派對，真的很抱歉。不過我知道有家火鍋店，既便宜又好吃，不如就到那裡吃吧！到時候若覺得喝得不過癮，再來我家續攤吧！」

只要將整座城市當成自己的「居家空間」，就能為生活變化出無限可能。

rule

33

丟掉不熱愛的雜物

這句話也出自四角大輔的著作。當你愈熱愛某樣東西，你會認真研究，熟悉品牌背景與該商品誕生的歷史。真正的好東西具有一種浪漫色彩，眾人投注熱情研發出來的商品背後一定有豐富的故事。

在這麼多優質產品中，為什麼自己會選擇某樣商品？當你充滿熱情，熱烈討論時就代表這其中確實存在著選擇的「理由」。讓你主動選擇這項產品，而非其他商品。

有「理由」的物品才是最完美的。不明所以而買的東西，到最後不是丟掉，就是被其他東西取代。不知道為什麼擁有的物品，無法滿足自己。雖然我擁有的物品很少，但每一樣我都熱愛，它們都有讓我愛不釋手的理由。只要擁有無可取代的寶貝，你再也不需要其它的。

rule 34

丟掉不想再買第二次的東西

想知道自己是否真的熱愛或需要某樣東西，不妨問自己這個問題：「如果我失去了這樣東西，是否還會花同樣的錢再買一個？」想像這樣東西有一天不小心掉了或被偷走了，或是因為重複使用而壽終正寢時，你是否還會花同樣的錢再買一個？如果答案是肯定的，那麼它真的是你需要的物品。

如果你的答案是「我絕對不會再買相同東西」，代表你沒有好好用它，或花了太多錢買到名不符實的商品，不妨立刻丟掉它。若答案是「下次我會買其他商品」，代表你不喜歡這項產品的某些設計。當初你之所以買它，純粹抱著騎驢找馬的態度。當你還會再買同一款的物品，才能真正地滿足你。

rule

35

丟掉禮物才是上策

別人送的禮物可說是最難丟掉的物品之一。丟掉別人送的禮物不僅對送禮者感到愧疚，也像是辜負了他人心意，覺得自己冷血。不過，換個角度仔細想想，你記得這是別人送的禮物，但你可曾想過自己送給別人的東西呢？如果我送的禮物造成收禮者的困擾，或根本不是他想要的東西，只是礙於情面不好意思丟掉，相信沒有人樂見這樣的情形，我反而希望對方能早點丟掉。

當你看著別人送的禮物，忍不住嘆了一口氣，建議你趕快將它丟掉，這個做法才是真正為送禮者著想。要是你真的遇到因為丟掉禮物而生氣的人，那代表對方並不珍惜與你之間的情誼，最好敬而遠之。絕對不要成為只靠物質表達友情與愛情的人。

rule 36

站在往生者的立場著想

比禮物更難丟掉的就是往生者的遺物。由於太珍惜與往生者間的回憶，許多人會留下自己根本用不到的東西。這樣的心意真的很珍貴，但如果今天換作是你，你希望自己死後留下來的東西，造成別人的困擾，讓家人不知如何是好嗎？我相信你一定會希望活著的親友們不被雜物所困，活出幸福人生。

珍惜往生者遺物的心意真的很難得，但我相信沒有任何人，希望自己死後留下來的遺物讓家人們耗費心力處理，感到萬分疲憊。就像知名畫家梅原龍三郎的遺言：「不舉行葬禮，懇辭鼎惠，生者不需要為死者的事煩心。」

與其花時間管理往生者的遺物，不如將時間用來仔細品味往生者說過的話，體會往生者為我們做的事所蘊藏的含意，這對我們的人生更有意義。

rule 37

減物後更珍惜留下來的物品

以漫畫《Jimihen》打響知名度的漫畫家中崎 Tatsuya，是一位徹底的極簡主義者。

我想引用他的著作《什麼都沒有的男人》其中一段話：「我覺得自己的照片、紀錄與日記等物品，與我的過去毫無關係。就算我丟掉充滿回憶的照片與紀錄，過去仍然留在我的記憶裡。丟掉有形的物品並不代表丟掉過去，事情沒那麼嚴重。忘掉的回憶代表不記住也沒關係，那對自己其實沒有那麼重要。重要的人生回憶會自然地保存下來。」

看到這段文字之後，我更勇於丟東西。經過記憶篩選之後，重要的事情自然會留下來。對自己來說最珍貴的寶物，全部都會保留下來。無須有形的物品提醒我們就能想起的過去才是最寶貴的。不僅如此，丟掉多餘雜物後，惱人的雜訊也會消失，讓我們更輕鬆地回想過去的重要時光。

rule 38

斬斷雜物的「連鎖」效應！

原本只有一個智慧型手機，換機之後變成兩個。增加的東西不只是手機本身，還有新的手機殼、螢幕保護貼、電源線、耳機防塵塞、手機吊飾等等。不知不覺間增加了五樣東西。因為物品會呼喚更多物品。

買了個人電腦之後，就要添購電腦桌、印表機、掃描器、USB記憶體、外接硬碟、文書處理軟體、電腦清潔劑等，讓家裡頓時擠滿相關用品。反過來說，只要切斷根源，就能一口氣丟掉大量雜物。當我捨棄電視時，那些連接電視的電器用品，包括家庭劇院、PS3、錄影用硬碟，以及相關電器的電線、變壓器與延長線也全部處理掉了。不玩電動之後，那些怪獸圖鑑、珍貴的卡片遊戲牌組、榮譽獎盃等，也不需要繼續收集。只要拿出勇氣殺掉大魔王，就能獲得最大的回報。

rule

39

丟掉所有收藏品

文學家鹿島茂是眾所周知的古董書迷，不計成本地收購價格昂貴的法國古董書。設計師祖父江慎專門收集各個時代，以各種字體出版的夏目漱石的《少爺》。他們擁有超乎常人的熱情，收藏某個領域中最極致的寶物，這些收藏品真的很貴重。若自己的收藏品已進階到博物館等級，相信任何人都會好好保存。知名的經濟學家森永卓郎就是最好的例子，他熱愛並收藏小汽車模型，更成立了一間博物館展示他的收藏品。

若沒有成立博物館的打算，純粹是為了個人興趣收藏，任何人都能收藏到數量可觀的物品。到了這個程度，收藏品只會成為收藏者的負擔。真正貴重的物品早就有人好好收藏、仔細保存。若你做不到專家的程度，請立刻丟掉。家不是「博物館」，想看真正貴重的收藏品，就到真正的博物館去看吧！

rule 40

別人有就向別人借

圖文書作家緩莉舞撰寫的《少物好生活》中，描寫了她將畢業紀念冊丟掉的情景，令我印象深刻。畢業紀念冊可說是每個人學生時期的美好回憶，她既然連這樣的東西也能丟，真不愧是「丟東西魔人」。不過，仔細想想，畢業紀念冊是大多數人都會留下來的東西，與自己同時畢業的畢業生生都擁有同一本畢業紀念冊，這樣看來，畢業紀念冊似乎也沒有那麼珍貴。

人之所以想要擁有「專屬於自己的物品」，通常是因為不想麻煩別人，不想讓別人花費多餘心力。總之，就是不想與別人扯上關係。若真的很想看畢業紀念冊，想看到晚上睡不著、幾乎要發瘋的程度，建議你跟同學聯絡，向同學借來看。雖然會麻煩別人，但如果你誠心拜託同學，對方卻冷漠以對，這代表對方根本不是你的朋友。拜託別人的時候只要表達感謝，就不會造成他人困擾。

rule

41

租得到的物品就用租的

善用網路就能租借到各式各樣的東西。一年只用一次、使用頻率相當低的物品，最好用租的。每到學校舉辦運動會的季節，就有許多家長租借望遠鏡。很少出國旅行的人，行李箱就用租的，可以省下收納行李箱的空間。想將紙本書掃描成電子檔的人，不妨租一台掃描器，每年舉辦一次「紙本書掃描大會」。讓孩子參加一生只有一次的成長祭典時，可以向專門的出租店租借孩子穿的禮服。年終大掃除用的高壓清洗機也不用買，向店家租即可。不只登山器具、潛水設備租得到，有些服飾店甚至出租由造型師搭配的衣服。

各位不妨先租借，若遇到使用頻率較高、自己真正喜歡，想要充分使用的產品，到時候再購買也不遲。不過，目前坊間出現了租借寵物、租借男女朋友的服務，這些不在我的討論範圍內。

rule

42

在網路公開自己丟掉的雜物與房間狀況

公告大眾是減肥成功的有效方法，一個人減肥很容易找藉口安慰自己，但每個人都會在意其他人的眼光，因此利用這個心態幫助自己成功減肥。事實上，這個方法也能套用在減物上。舉例來說，在社群網路上宣示「我要減少一半的衣服」，並全程公開丟東西的過程。例如將丟掉的衣服拍下來，每隔一段時間在網上更新衣櫥裡的模樣。這跟一個人努力不同，可以吸引周遭親友共同參與，增加自己的幹勁。

我也曾在部落格公開自己的房間景象，將自己的房間曝光在大眾面前，可以加快丟東西的腳步。極簡主義者之間現在很流行將不需要的東西公布在社群網路上，詢問是否有人想要。若能找到想要的人就無須丟掉，可以減少罪惡感。不僅如此，還能幫舊物找到新主人，可說是一舉兩得。

rule 43

生活從零開始

有一部紀錄片叫《三百六十五天的簡單生活》，這部電影十分有趣。主角是一位年輕男性，有一天他租了一間倉庫，將自己所有的東西全部放進倉庫裡，並規定自己每天只能從倉庫裡拿一樣東西出來使用。由於第一天他真的什麼也沒有，於是拿著報紙遮住重點部位，一路狂奔到倉庫。接著從倉庫裡拿大衣出來穿，睡在僵硬的地板上。

這是一項找出重要事物的實驗。儘管我們無法像主角一樣，但我們可以在腦中模擬實驗。各位不妨想像一下，假設自己身邊沒有任何物品，必須「從零開始」，而且每天只能拿一樣東西時，這樣東西會在第幾天出現？如果這樣東西被偷了，你還會花同樣價格買相同物品嗎？如果你下週要搬家，你會帶這樣東西去新家嗎？我們身邊存在著太多沒有特殊理由，只是一直放在那裡的雜物。對自己擁有的物品提問是很重要的一件事，這是直視自己內心最好的方法。

rule 44

丟掉「假設」

遇到不知道該不該丟的東西時，丟掉「假設」是最好的方法。極簡主義者之間最常用的技巧，就是將所有想丟的雜物收集在一起，放在紙箱、籃子，甚至塞進壁櫥裡藏起來。重點在於，將這些雜物放在與平時不同的地方。也可以丟進垃圾袋裡，做好隨時拿去丟的準備。不過，就算放進塑膠袋，也不一定要丟掉。

你可以依照物品種類設定時間，例如一星期或一個月，如果在這段時間內沒有那些雜物也能照常生活，代表你不需要它們。若在這段期間裡，你需要用到，就把需要的東西留下來。

丟掉「假設」，拉開自己與物品的距離。這個做法可以幫助你重新檢視自己與物品的關係。對方雖是物品，但你們之間的關係就像戀愛一樣，保持距離才能看見真相。

rule 45

丟掉顏色鮮豔的物品

我家裡的東西全都是白色、米色、灰色、木頭色等看起來舒服，可以互相調和的顏色。若家中裝滿全是螢光色、各種原色組合，擺飾品也是這類色系，一定會看得很礙眼，令人無法靜下心來。各位只要想到漂白劑就可以理解，粉紅色瓶蓋加上薄荷綠瓶身，大多數清潔用品的設計都很顯眼，我想這樣的設計也是為了提醒使用者小心危險。

大多數擁有劇毒的生物顏色都很鮮豔，釋放出「不要靠近我！」、「小心謹慎！」的訊息，讓人完全無法放鬆。將這樣的顏色放在家裡，自然覺得礙眼，就算不刻意去看，只要眼角瞄到，心裡就會在意。顏色亮麗的小東西確實很可愛，但過度鮮豔的色調也會因為過度刺激，讓人很快就厭倦。使用看起來舒服的顏色，或是發揮材質本性、刺激度較低的色系，不僅接受度高，還能長久使用。

rule 46

買一件新物，丟一件舊物

這條也是減物的最高原則，又稱為「**1 in 1 out**」法則。當你想買某樣物品時，請先丟掉一樣東西。以衣服為例，「維持固定的衣架數量」是貫徹這個法則最好的方法。事先決定好衣櫥裡的衣架數量，當你買了一件新衣服，就必須丟掉一件舊衣服。如此一來，衣服的數量絕對不會增加。

在減少舊物的過程中，一定會出現需要的新物。如果物品數量過多，可以從買一個丟兩個或丟三個開始做起。

等物品數量減少至一定程度時，就可以執行買一個丟一個的原則，維持一定的數量。基本上以同種類的物品為主，例如買一件新衣服就丟一件舊衣服，絕對不能丟一個橡皮擦，再買一台微波爐。

rule 47

「協和號效應」&「沉沒成本」

有個心理學現象稱為「協和號效應」。據說超音速客機「協和式客機」的研發成本高達四千億日圓，卻因為缺乏利潤，造成嚴重虧損，最後創下數兆日圓的龐大債務。從投入研發的勞力、時間與金錢考量，明知協和式客機無法獲利，仍無法終止整個事業。經濟學家將那些已經花掉且無法回收的成本稱為「沉沒成本」，也是同樣的概念。

在我們的日常生活中，隨處可見同樣的事情。我花五千日圓向朋友買下他的越野公路車，從此之後我愛上騎自行車，於是不惜成本買下一整套工具，還重新改裝所有零件，最後花了超出購車成本十倍的費用。從我花出去的錢來看，再花一萬日圓也不痛不癢。這種感覺就像要收費的手機遊戲一樣。為了避免浪費更多金錢與時間，有時候必須拿出勇氣破釜沉舟。

rule 48

承認失敗，當作花錢買經驗

有些衣服在店裡試穿時覺得很好看，買回家穿幾次後就再也不穿了。雖然已經不穿，卻因為覺得沒回本，丟掉很浪費，就這麼一直塞在衣櫥裡。

在討論回本問題之前，必須先了解為什麼會買錯衣服，找出失敗原因才能邁向成功。有些人覺得試穿後不買對店家不好交代；有人則是看到別人穿，覺得很好看所以跟著買，卻沒發現那件衣服根本不適合自己；還有人是因為便宜而買。明明在店裡就發現自己不是很喜歡那件衣服，卻因各種原因而硬是買回家。其實我現在也經常犯錯。

買錯東西時最重要的就是立刻放手，否則你會花很長時間與自己明知買錯的東西周旋，這對我們來說不是一段健康的關係。當作花錢買經驗，銘記失敗的原因，才能幫助我們聰明購物。

rule

49

將買來的東西當成「借來的」

我認識一位前輩，他買了很多衣服，每件衣服的吊牌都裝在袋子裡細心保存。衣服穿完一季後，他會連同吊牌一起上網拍賣。他說有吊牌的衣服可以賣出好價錢，甚至可能賣得比當初買的價格還貴。

根據他的說法，他認為「這些衣服都是跟店裡借來的」。將購買的商品當成是借來的，而這些借來的東西最後不還給店家，而是出借給新的使用者。

這個想法令人玩味。將買來的東西當成借來的，然後再借給其他人，如此一來，我們就會好好使用該項物品，方便下一個接手的人使用。還能不斷賦予物品全新生命，永遠不浪費。不要將買來的東西當成「自己的」，想成這是暫時「借來的」，如此一來也能讓擁有者更謙虛地對待物品，不以主人自居。

rule

50

不因便宜而買，不因免費而拿

定價五千日圓的商品只要兩千日圓就能買到，會讓人覺得自己賺到三千。此時大多數人會認為，買下那件商品等於回收三千日圓的現金。不過，東西買回家後放在家裡，就會產生占據空間的費用。各位不妨以該項商品占據的空間大小，計算其在房租中的比例。以我租的房子為例，我家共有二十平方公尺，每個月的房租是六萬七千日圓，差不多每平方公尺的月租金為三千日圓。假設剛剛買的兩千日圓的商品是一個一平方公尺的衣櫃，那就代表省下來的錢全都花在房租上了。這就是因為便宜而買所產生的風險。

「因免費而拿」的行為也充滿風險。當你擁有某樣東西，內心就會忍不住掛念，占用腦中的記憶體，還要花時間與心力管理維護。免費的東西並非完全不用錢，擁有某項東西不僅要花錢，還要負擔各種成本。只要了解這一點，就能避免增加自己以為「賺到」的東西。

rule 51

「煩惱」該不該丟時就要丟掉

關於煩惱這件事，煩惱的每個選項都具有相同價值。舉例來說，假設有人要給你錢，有些人會煩惱對方要給自己一百還是一千日圓。

每個選擇都有好有壞，一直在想該選哪一個，永遠無法付諸行動。當你在煩惱不知道該選哪個選項時，就代表不管哪個選項都差不多，速戰速決才能讓自己更輕鬆。想減物的人，我建議採取「一煩惱就丟」的策略，煩惱該不該丟時就要選擇丟掉。

我喜歡這句話：「對必要說 YES，其他全說 NO！」我將這句話稍微改編，幫助大家丟東西。「對必要說 NO，其他全說 YES！」只要記住這句話，除了絕對不想丟的物品之外，其他東西都能順利處理掉。而且丟了之後，也會想辦法維持正常生活。

rule 52

真正必要的物品一定會回來

每次丟東西時最容易產生的恐懼心理就是：「要是我現在丟掉，以後會不會就找不到了？」受制於這樣的心態下，減物過程總是不順利。現代社會相當方便，你想要的任何東西都能在網路上找到。就連已經絕版，跑遍二手書店也買不到的珍貴舊書，都能在Amazon買到。在各種拍賣網站上，能買到只有少數人才會著迷的冷門物品。

當你丟掉某樣東西，絕對不會心心念念到晚上睡不著，或壓力大到想拔頭髮的程度，萬一真的要用，也絕對能買得到。你一定能看到還想再看一遍的書，每個人也都有還想再擁有一次的東西。要是真的想再擁有，而且這種感覺強烈到晚上睡不著的地步，就算是全世界獨一無二的寶物，你也會想盡辦法取得。只要認真尋找，我相信這個世界上沒有買不到的東西。

rule

53

表達感謝後丟掉

當你丟掉別人送的禮物、往生者的遺物，或沒有好好運用，覺得可惜的東西時，絕對不能忘記心存感謝。

雖然是別人送的禮物，但自己不需要，即使平常沒想到那樣東西，心裡還是會覺得礙手礙腳。在這樣的情形下留著禮物，才是真正對送禮者不敬的行為，還會影響自己的心情，非常吃虧。

丟棄時一定要表達感謝。對親手做禮物給自己、特地送禮物給自己的人，表達滿懷的感謝，感謝完後就將東西丟掉。比起留著讓自己不愉快的東西，在感謝的心意中放手才是最好的結果。丟東西時的強烈感謝會留在自己心中，即使東西已經丟了，還是能感受到自己的謝意。最後留下來的，才是真正重要的寶物。

rule

54

消耗內心能量的雜物

將還能用的東西丟掉確實很浪費，但買了之後不用，這也是浪費的行為之一。不過，最浪費的行為其實是一直留著該樣東西而日漸消磨的「內心能量」。我也是屬於只要東西能用就不丟的人，所以我會想辦法送給別人，讓別人使用。若是基於丟東西很「浪費」的心理而不丟，讓你一看到那些東西就心煩，持續折磨自己，我認為這才是最遺憾的結果，也是最「浪費」的事情。

收到自己不喜歡的禮物，卻因為不好意思丟掉而留著。或者因為還能用，覺得丟掉很浪費，基於愧疚感而不敢丟。你要為了這些原因一輩子留著這些東西，讓自己處於不穩定的情緒裡嗎？若你真的這麼做，你就是在「浪費」生命。

rule
55

丟了才不會忘記

我將過去收到的信件全部掃描起來，掃描過後全部丟掉。丟掉的信件中，也包括我永遠忘不了的重要物品。

那是媽媽給我的「轉乘指南」。當時我離開老家香川縣，到東京念大學，開始在東京獨自生活。為了讓我第一次到東京就能順利抵達住的地方，媽媽特地親手繪製了從羽田機場到市區的「轉乘指南」。

先坐路面電車、轉乘山手線，再搭乘西武新宿線……我是一個超級路痴，身上又沒手機，媽媽特地為我畫了這一張轉乘指南，讓我忍不住想，媽媽是用什麼心情把我送到東京?這張轉乘指南留在我身邊這麼長的時間，我卻早就忘了它的存在。因為我將它跟那些成堆的信件塞在一起，從來沒翻出來看。直到要丟的時候，才發覺它有多珍貴。那張轉乘指南如今已不在我身邊，丟掉不代表忘記，有些事物正因為丟掉了，才深刻地留在我們心中。

十五項進階版減物法則！

破除「看到東西就想丟的心理陷阱」

Additional 15ways
to throw things away!

rule

01

令人滿足的不是物品「數量」！

美國詩人艾倫．金斯堡曾說：「當你覺得地墊有兩倍大，那你就算擁有它了。」你是否滿意自己擁有的東西，關鍵不在於數量。

擁有某樣東西，代表擁有者清楚知道自己擁有，並強烈感受到它的存在。這些意識將會占用擁有者的大腦，因此不要讓大腦充斥著無數雜物的記憶，應該儲存對於少數物品的熱切情感。以這種態度面對時，滿意度就能提升兩三倍。

與其擁有兩、三個自己不喜歡的咖啡杯，擁有一個完美無缺、獨一無二的咖啡杯，天天愛惜使用、細心呵護，絕對能讓你感到前所未有的滿足。當你想擁有愈多，你愈無法珍惜陸續增加的每一樣東西，思緒也愈來愈雜亂。人類的滿足感不會因為東西愈少而遞減，反而持續增加。

rule

02

以制服的概念搭配私底下的服裝

賈伯斯每天都穿同樣的衣服，ISSEY MIYAKE 的黑色高領上衣、Levi's® 501 牛仔褲、腳上穿著 New Balance 球鞋，即使出席產品發表會，他也穿同樣造型。臉書創辦人馬克・祖克柏無論走到哪兒都穿著灰色T恤，就連愛因斯坦也只穿同款式的外套。他們省下每天選擇衣服、追求流行的時間，將這些時間運用在更重要的事情上。

想要生活過得愉快整潔，不需要太多衣服。找出最適合自己，穿起來最自在的衣服，以「制服」的概念搭配「私底下的服裝」。你要尋求的並非表現服裝多樣性的時尚造型，只穿真正適合自己的衣服也是一種時尚態度。

雖然「總是穿同一套衣服」這句話仍帶有一絲揶揄的感覺，但將來絕對是理所當然的真理。時尚是一種樂趣，可惜在這個時代已經發展過剩。

rule

03

東西愈少愈有個性

將頭髮挑染成綠色、在嘴唇穿上一個大唇環、男性穿裙子、為手機搭一個設計前衛尺寸又大的手機殼……我認為這些行為與「有個性」是兩回事。即使以制服的概念搭配日常服裝，造型簡樸，我認識的極簡主義者都有自己的個性。

許多人認為不打扮就沒有個性，事實上完全相反。各位不妨看一下歐洲的老電影，每位登場人物都穿相同款式的西裝，戴著帽子、抽著菸。大家穿戴或拿著的東西都是一樣的，但這些人創作出來的文學與藝術，無不充滿獨特個性。至少比現代創作更獨樹一格。仔細想想，營造豐富個性的不是物品，而是「經驗」。極簡主義者不重視物質，而注重經驗，正因如此，他們才能獨具特色。

rule

04

想了五次要丟的東西，請立刻丟掉

人平均每天會思考六萬件事。仔細觀察自己，會發現思緒天馬行空、毫無條理可言。就像網路搜尋，剛開始輸入關鍵字，查詢自己想了解的事物，最後總是會東連西連，跑到毫無相關的網站去。若深入觀察人類內心的想法，會發現比這個情形更複雜。唯一不同的是，網路搜尋會留下歷史紀錄，人類的想法隨時變動。說得具體一點，人類內心想法大概像這樣：有一個可以喝咖啡的杯子↓喝一口咖啡後覺得嘴巴怪怪的↓摸了一下嘴唇↓好想刷牙↓對了，得買牙刷了。說到刷牙，最近發生了一件有趣的事情……

人類意識就像這樣環環相扣，不斷產生聯想，正因如此，沒有人能清楚察覺自己每天想了六萬件事。有時候我們並非真心想丟某樣東西，而是不小心瞄到某樣東西，突然產生「還是丟掉算了」的念頭。想了五次要丟的東西，請務必立刻丟掉。不經意產生的五次念頭，之後還是會陸續發生，既然如此，早點丟掉比較輕鬆。

rule 05

「測試」自己是否真的需要

不知道是否該丟的東西，不妨抱持著「測試」的態度鼓起勇氣丟掉。以前的我一直丟不掉電視，後來決定測試自己是否真的需要，就將它處理掉。我打算如果丟掉後會影響工作、不知道世界上發生了什麼事、跟不上朋友的話題而被排擠，甚至因為沒看過搞笑藝人表演的《Lassen Gorelai》橋段而被孩子們嘲笑，如果真的發生這種事我就承認失敗，淚奔到電器行再買一台電視就好。幸好這樣的情形並未發生。

到目前為止，在我丟掉過的東西中，只有一樣東西又再度買回來。那就是歐姆龍的「足部按摩器 HM-231」，我真很喜歡它，連型號都還記得。我還買了一台給媽媽，將我的送給哥哥。送掉後念念不忘腳底按摩的舒暢感，後來決定再買時發現它停產了，只好重買一台新機種。後來又想丟掉，於是脫手轉賣。如果還會再買第三台，我想我不會再丟了。

rule

06

一點點的「不方便」讓人快樂

最近我將家裡的毛巾全部丟掉，換成小手巾。小手巾真的很好用。不僅用途多樣，還很快乾，超乎我對毛巾的想像。用完後掛起來，下次要用時就乾了。每次在洗臉台洗完手，就用小手巾擦手；洗完東西後，也用小手巾擦手；淋浴後就用小手巾擦身體。之前我每次洗衣服時，浴巾就占了待洗衣物的三分之二，現在少了占空間的浴巾，待洗衣物變得非常少。

就像我在第二章說明的，差異會形成一種刺激。當生活中已習慣浴巾的存在，我們就會視為理所當然，一點都不感激它帶給我們的便利。雖然小手巾的觸感不如浴巾，但人既然能習慣方便，就能習慣不方便。當我們又有機會使用浴巾，便會衷心感謝它的舒適。主動降低幸福的門檻能讓人快樂。你是否也願意換掉浴巾，改用小手巾？勇於嘗試為生活帶來樂趣。

rule

07

怦然心動的物品也要丟掉！

若立志成為一名極簡主義者，有一天也要丟掉令自己怦然心動的物品。克羅埃西亞是我最喜歡的國家，我曾在那裡買了一個十字架，那是令我怦然心動的紀念品。那個十字架以陶器製成，正中間是個深紅色的十字，周邊以手工鑲嵌美麗的圖案。不僅顏色沉穩、觸感順滑，重量也恰到好處，每個細節都深得我心。那個十字架聽說是當地藝術家親手製作的。重點在於那不是在一般禮品店購買，而是在異國小巷中挖到的寶物，有一種「命中注定」的感覺，這種感覺讓我更加珍惜，將它視為無可取代的珍寶。

丟掉那個十字架時，我還是會為它心動，但現在我很慶幸自己丟掉它。從此之後，我外出旅行再也不花時間尋找紀念品，要是遇到真的很想買的紀念品，我也會向卡通《嚕嚕米》中的史力奇看齊，「只看不買」。如此一來，我更能享受旅程。鼓起勇氣丟掉令自己怦然心動的物品，絕對能獲得更多。

rule 08

趁健康時整理生前遺物

我們擁有的物品中，絕大多數只有我們自己知道它的價值所在。例如旅行的紀念品、讀了好幾遍的愛書、重要的人寄給我們的信、充滿回憶的相片等等。

千辛萬苦買到的過程、為了擁有而付出的代價、與物品有關的故事等，這些回憶提升了物品價值。當回憶的主人，也就是擁有者逝世，無論那樣東西多昂貴、多精美，在這個世界上除了擁有者之外，沒有人知道它真正的價值，看在別人眼裡，那些不過是一堆破銅爛鐵罷了。

當我大量減少身邊的物品時，環顧家中四周，只有一個感想：「就算有一天我遭遇不測，也不會增加身邊親友的麻煩。」雖然腦中千頭萬緒，充滿悲傷的想像，但不知道為什麼，當時我只感覺到自由，內心湧現積極的行動力。

rule

09

減少雜物，不會減損自我風采

絕對不會因為家中物品數量減至最少，身體就出現不明原因的疙瘩、一夜過後頭髮半白或雙手舉不起來。走在路上，擦身而過的行人不會發現你的家中空無一物並因此責備你，小孩們也不會因為這樣拿石頭丟你。他們看到你簡潔俐落的打扮，只會認為你的穿著簡練，感覺很輕鬆。

擁有一大堆雜物或只擁有極少數的必要物品，不會對你的身體產生任何影響，這是理所當然的道理。有些人覺得丟掉重要物品，就像割掉自己身上的重要部分，不過，物質不能代表你，所有東西都是身外之物。既然物品與「自己」毫無相關，當然不會因為減少雜物數量讓「自己」受傷。更棒的是，在減物過程中，還能為自己充電，增加自我風采。

rule 10

顛覆物品的使用常識！

我要在此向各位介紹開頭登場過的肘。肘將可摺疊的空氣床墊靠著牆面擺放，再利用枕頭與墊背當椅背，瞬間完成舒適沙發。發揮逆向思考的創意發明了「床沙發」（不是沙發床！）正確來說，應該是「床墊沙發」……雖然家裡沒電視，但有錄影機和頭戴式顯示器還是能看電視節目。洗衣用液體肥皂也拿來洗澡和清洗餐具，處處都能看見他的生活智慧。

受到連砧板、菜瓜布都要「曬乾」的麻理惠的影響，我最近也開始曬菜瓜布。丟了我一直黏不住的吸盤式菜瓜布架。麻理惠顛覆了一般人不會將砧板與菜瓜布放在陽臺的常識。有些東西的功能很單一，做某件事一定要用某樣東西，於是為了追求方便性，放任家中物品暴增。事實上，只要擺脫物品的使用常識，就能進一步減少雜物。

rule 11 不要想太多，儘管放手去丟！

已故影星李小龍曾在電影《龍爭虎鬥》中，說過一句名言：「不要想太多，儘管放手去做。」我將這句話改成「不要想太多，儘管放手去丟！」，鼓勵所有極簡主義者。

以前家裡放了好幾本存摺，我一直覺得很礙眼，有一天心血來潮，將所有存摺放進碎紙機碎掉。我相信沒有存摺還是能活下去，於是在上Yahoo奇摩知識家問網友「該不該將存摺丟掉」前，便將所有存摺處理掉了。與其花時間思考，我更重視「不喜歡」的直覺。

後來我順利地到銀行去結清戶頭，沒有存摺也沒造成大麻煩。不過，櫃台人員一聽到我將存摺碎掉，忍不住瞠目結舌地看著我。有些人遇到家中失火，一下子失去了所有物品，但也不會影響日常生活。只要開始思考，大腦就會不斷列舉出捨不得丟的理由，以及丟東西的缺點。相信自己的直覺，才能快速解決問題。

rule 12

不與人比較

極簡主義者最容易產生的問題，就是忍不住「炫耀自己東西少」，或是「比誰的東西少」。我曾在第一章說過，極簡主義者是「真正了解自己需要什麼的人」，也是「為了最重要的人生目標而減物的人」。每個人「需要」的物品不同，要「減少」的東西也不同。因此，與別人比較誰的東西少，一點意義也沒有。

說真的，即使家中充滿各式各樣的物品，只代表你需要的東西較多，只要這些東西能讓你每天充滿活力，便無須減物。不要責備擁有雜物的人，任何人都不需要強迫自己丟東西。極簡主義者是苦行僧，我一直如此告誡自己，也在個人簡介上註明我是一名「中庸」極簡主義者。「與別人比較」是一件毫無意義的事情。

rule

13

「減物癖」與「囤物癖」是同一種病

丟東西是一件很刺激的事，不僅身心舒暢，還能確認自己擁有丟東西的勇氣。一旦沉迷於丟東西的刺激感，就會將丟東西當成最重要的使命，甚至罹患「減物癖」。有「減物癖」的人通常會責備囤積太多東西的人。

話說回來，減物癖者通常認為「擁有這個東西很丟臉」，事實上，這種心理狀態與「囤物癖」是相同的。

減少與囤積都是一種刺激，也能產生快感。因此，減物與囤物都會讓人上癮，絕對不能過於固執。想減物時，一定要問自己「我真的需要這樣東西嗎？」同樣的，也要問自己「我真的應該丟掉它嗎？我是不是為了丟而丟？」

rule 14

極簡主義是一種方法，也是揭開未來人生的序幕

雖然當一個極簡主義者還是有幾個要注意的問題，並非毫無風險，但我仍建議一般人力行極簡主義。現代社會過於注重物質，太多人擁有過多雜物。

極簡主義者是「為了最重要的人生目標而減物的人」，減物不是目的，而是減物後可以優先從事的「重要目標」才是目的。極簡主義只是一種方法和工具。每個人減物後追求的目標也不一樣。

極簡主義就像是「序幕」，之後展開的劇情才能交織出未來人生。若將極簡主義當成目的，丟完東西就會產生無盡的虛無感。正因為極簡主義是值得實現的有效方法，所以要明確了解成功減物後自己的目標。請盡力揮灑自己的人生，編織自己的人生故事。

rule 15

極簡主義沒有正確答案

成為極簡主義者沒有條件，並非將所有家當都收在一只行李箱中才是極簡主義者，也不是每天睡睡袋才是極簡主義者。極簡主義沒有正確答案，也沒有錯誤解答。舉例來說，某人決定丟掉多餘雜物，只留下自己真正需要的物品，結果留下來的是一台極占空間的鋼琴。他在減物過程中，找到自己真正需要、重視的物品，那就是「音樂」。透過極簡主義，找到自己珍惜的重要事物。

就像與我一起經營網站的沼畑買了車，他仍是不折不扣的極簡主義者。他極度簡化自己的人際關係，利用開車這件事打造專屬的獨處時光。他的車裡不放任何雜物，將汽車當成「移動的極簡房屋」。或許今後還會出現卸下華麗外表，專心接待客人的極簡主義酒店小姐。只要拋開束縛，極簡主義就能蔓延至全世界各個角落。

第4章

丟東西改變我的十二件事

chapter 4
12 things that
changed because
I decluttered

擁有更多時間

你的時間有限，
不要浪費時間
在別人的生命裡。

——賈伯斯

12 things that
changed because
I decluttered

物欲導致的時間浪費

二〇一四年十二月二十日，為了慶祝東京車站營運一百週年，站方特地發行限量一萬五千張的 Suica 紀念票卡。由於開賣當天造成嚴重混亂，電視新聞大肆報導，相信許多讀者對這件事記憶猶新。據說當天共有九千多人排隊，開賣不久便宣告中止。

透過電視螢幕，我們可以看到站方宣布停止販售後，許多消費者跳出來破口大罵指責站方處理失當的畫面。其中包括明年春天升國中，為了通學方便徹夜排隊買票卡的未成年學生。我真的很同情那些在寒風中排隊排了好幾個小時的民眾。

話說回來，Suica 紀念票卡的功能跟一般 Suica 沒有兩樣，並非紀念票卡的票價可打九五折，或是票卡本身使用不易斷裂的特殊材質。若有這些優惠，我一定也會想買。媲美慕夏畫作的圖片設計確實很精美，但對絕大多數的人而言，Suica 紀念票卡並非「必要」，純粹只是「想要」而已。

在功能相同的前提下，決定不去買 Suica 紀念票卡，你可以省下的時間真的超乎想像。

1 從家裡到東京車站的來回時間。
2 排隊等待的時間。
3 對站員飆罵到失去理智的時間。
4 平靜怒氣的時間。
5 了解今後處理方法的時間、重新申購的時間。

人生苦短。若因為多餘雜物減少了可以運用的時間，那就太浪費了。

不再被媒體與廣告影響

無論是在家看電視或出門在外，各式各樣的資訊都會透過媒體、廣告等媒介，向所有人強力放送。

我們每天都會接收到這些訊息：努力賺錢、存錢；擁有窈窕美麗的身體曲線；考進好學校；住在舒適的房子裡；維持身體健康；在競爭中勝出；成為時尚焦點；擴展事業版圖；學習更多知識；未雨綢繆，做好面對危險的準備。

電影導演湯姆．謝迪雅克一語道破這種現象：

「這些資訊都在告訴我們，『現在的你不夠好！』」

實踐極簡主義，就能減少被各種媒體與廣告影響的時間。因為我們很清楚「自己已經擁有所有需要的東西」，只要明白這一點，自然可忽視雜亂的外在資訊。

相反的，當你認為自己缺少什麼，就會覺得那些資訊都是針對自己來的。若要一一了解所有資訊，有再多時間都不夠用。極簡主義讓我們明白「我什麼也不缺！」從此以後，我們再也無須因為自以為缺少的雜物擾亂心情。

減少購物時間

極簡主義者原本就不太買東西，因此可以省下購物時間。雖然會買新商品，但頻率變得相當少。我還是極繁主義者時，很喜歡各種家電用品。有一次我想買新的微波爐，徹底研究各廠牌機種的規格，上網參考使用者評價。全方面評估後，決定購買具有高溫蒸氣功能，可以燜蒸調理的產品。放眼相同價格的機種，只有這一台具備這項功能。當時我還很得意自己選了一台功能超強的微波爐，但不瞞各位，我從來沒用過燜蒸功能調理食物……

到東京的時尚鬧區購物，光是買一件襯衫就能逛一整天。最後如果買到，那還算好的。有時候逛了A、B、C三家店，試穿所有自己喜歡的商品還是無法決定，於是又回到第一家店，最後還是什麼也沒買就回家了。這種時候不禁要想，我到底為什麼出門，讓自己這麼累？

曾經分析比較蘋果公司與競爭對手筆電製造商戴爾，認為蘋果成功的原因在於商品種類精簡，同時也是暢銷書《簡單：打破複雜，創造絕對優勢》的作者肯恩・西格爾如此說道：

「如果Apple Watch銷售不如預期，原因不在於功能，而是選擇性太多、商品種類太雜。」

心理學家希娜・艾恩嘉曾經做過一個「果醬研究」，簡單來說，她發現提供六種果醬讓消費者選擇，比供應二十四種果醬，更能吸引消費者購買。由此可見，當選擇過多，消費者容易認為沒選中的比較好，導致購買後的滿意度較低。選擇愈多，愈難釐清自己想要什麼。

在實踐極簡主義的過程中，人會愈來愈清楚自己的選擇標準，不再浪費時間猶豫該買什麼。我的選擇標準是造型極簡，面積小且易於清理；顏色簡單大方；可長久使用；結構簡單；小巧、輕盈、不占空間以及多用途產品。

我在換購新的自行車時，選擇標準也很明確。我要一輛設計簡單，單一齒輪的高速腳踏車。顏色是十分耐用，而且未加工的銀色，看起來就像生鏽了一樣。車架是百看不厭的傳統水平車架，上面沒有任何品牌名稱。在所有自行車中，只有Focale44這個廠牌的自行車滿足所有條件，所以我很快就決定了。不僅如此，買了新車後，我從未與其他自行車比較。

重複購買自己喜歡的相同商品，細心維修延長使用壽命，就能省去挑選新商品的時間。現有的物品已經能讓自己心滿意足，自然減少想買新商品的機會。不只是物品，減少選項有助於我們更快做決定，也是避免浪費時間的重要條件。

大幅減少做家事的時間

東西變少後，做家事的時間真的變得很短。

當房子裡沒有多餘雜物，維持極簡風格，打掃起來變得相當輕鬆。衣服變少也能減輕洗衣服的心力，更無須花時間煩惱今天該穿什麼。

過去住在垃圾屋時，我最討厭陽光，也很討厭在陽光照射下顯得一覽無遺的灰塵。我是一個夜貓子，窗戶的遮雨板永遠關著，阻斷陽光照進屋內。

現在的我每天早上都被陽光叫醒，一睜開眼就看見乾淨的房間，讓我迫不及待起床，展開新的一天。很自然地我變成了晨型人，早起讓我充分體會早晨時光的美好。

極簡主義者打包搬家只需三十分鐘

二〇一五年春天，我搬到現在的家。事前我根本不打包，照樣過生活，到了搬家那一天，我只花三十分鐘就將所有東西搬出門，包括拆除燈具、拆走洗衣機的時間。有些人平時出門就要花三十分鐘選衣服，連搬家都這麼省時，以後自然就能用跟平時出門一樣的心態輕鬆搬家。

減少發呆空想的時間

家中簡潔整齊，就能減少發呆空想的時間。以前一到假日，我都會躺在床上想東想西直到傍晚。腦中想著：「我該去洗昨天的髒衣服！還要拿吸塵器出來吸地板，還有這個我一直在上面滾來滾去的床單也要拿去洗了。好了，該起床做家事了……要從哪一樣開始做比較快？先洗衣服，趁著洗衣服的時候打掃和清洗碗盤，嗯，就這麼辦！……可是，我也想洗身上穿的衣服，應該先打掃再洗衣服吧……嗯，好像愈想愈複雜了！還是先開電視、看一下手機好了……」就這樣無限迴圈。東西愈少，每天要做的事就愈少，只要一一解決眼前瑣事，就能今日事今日畢。如此一來，就有更多活力處理其它事情。

減少找東西的時間，再也不會忘東忘西

我很清楚自己擁有多少東西，而他們都有自己的固定位置，所以我從來不花時間在家裡找東西。只要充分了解自己擁有多少東西，不只能隨時掌握「什麼東西放在哪

裡」，連自己「有沒有」都很清楚。我無須花時間思考膠帶放在哪裡，因為我家根本沒有膠帶。就連說明書、保證書這類乍看之下很重要的文件，我一拿到就會掃描下來或丟掉。只要知道自己「沒有」，就能立刻想出因應方法。

東西愈少，掉東西的機率就愈低。極簡主義者外出時的隨身物品很少，絕對不能忘記帶的東西自然就少，出門後再跑回家拿東西的頻率也相對降低。

有「充裕的時間」架構幸福人生

我經常在車站前看到為了趕車急速奔跑，差點撞上路人的人。每次看到我都忍不住想，這些人看起來一點都不幸福。拼盡全力完成某件事的人，臉上不會有燦爛笑容。另一方面，若仔細觀察日本黃金週在路上逛街的人們，會發現他們看起來比平時幸福。

美國心理學家卡瑟認為「充裕的時間」可帶來幸福，「充裕的物質」卻會讓人不幸。環顧四週，我們一定會發現有些人工作表現傑出、賺到一輩子也花不完的財富，但他們老是被身邊瑣事追著跑，處於強大壓力之中。即使是平時親切和善的人，一旦忙到失去充裕的時間，就會開始顯露出不好的一面。通常主管關心屬下、與部屬寒暄，都是在工作告一段落，要下班的時候。

當東西數量減少了，我們就能省下購物、找東西、做家事、搬家發呆的時間，林林總總加起來，就能增加自己可支配的時間。

潛藏在大腦的「預設模式網路」

根據最新的科學研究，當我們什麼也不做、發呆的時候，大腦會啟動「預設模式網路」。這塊大腦領域不會在思考或工作時運作，只在人們發呆時活動。

一般認為預設模式網路的目的在於「自我認知」、「取向」、「記憶」，簡單來說，就是從客觀角度審視自己。什麼也不做或是發呆的時間並非無意義地流失，而是找回自己的珍貴時刻。坐在岸邊聽海浪的聲音，望著營火什麼也不想。

科學已經證實，我們需要時間放空。無論富豪或窮人，每個人一天都是二十四小時，能夠悠閒地享受時間才是極致奢華的生活。

現在立刻體會幸福

享受「充裕的時間」是幸福的必要條件。不過，享受悠閒不一定要飛到南方小島度假，躺在大型陽傘下的沙發上吹海風。人的情緒是有極限的。感到壓力時只要在家附近的咖啡廳喝杯咖啡，休息一下，或是停下打電腦的雙手深呼吸，這一刻放鬆的情緒跟在海灘沙發上感受的悠閒是一樣的。

正因為人的情緒有極限，躺在海灘沙發上並不會感受到兩倍或三倍的幸福。因為幸福存在於日常生活的各個角落。

美國心理學家丹尼爾．康納曼曾針對媽媽進行追蹤研究，正常來說，媽媽會在照顧小孩的過程中獲得喜悅，但他發現當媽媽過於忙碌時，照顧小孩反而會帶來壓力。由此可見，感受幸福的基礎、架構幸福人生的根基就是「充裕的時間」。

不再被瑣事追著跑

忙碌的生活會讓所有美好事物變得無趣。當一個人整天被瑣事追著跑，和自己最愛的另一半在一起時，也會感到坐立難安。花十五分鐘逛完羅浮宮，雖然是一項很好的運動，但一點也不有趣。

容我再次強調，將身邊的物品數量減至最低，就能增加可支配時間，奪回被物品占據的時間。「充裕的時間」才是架構幸福人生的根基。

人生中最寶貴的就是「時間」，每個人一天只有二十四小時，卻白白浪費在多餘雜物上。這樣的行為才是真正的「浪費」。

生活變得更有趣

我將生活當成一種樂趣，
永遠保持新鮮感。
生活是一齣充滿各種場景，
沒有結局的戲劇。

——亨利・大衛・梭羅

12 things that
changed because
I decluttered

整潔的環境讓人愉悅

就算是討厭打掃的人，也不會討厭打掃後的「成果」。雖然覺得打掃很麻煩，但努力打掃之後，一看到房間變得乾淨整潔，任何人都會忍不住驚呼，覺得心曠神怡。整理得有條不紊的房間讓人感到舒適愉快。

過去我生活在一大堆雜物之中，當時的我很討厭打掃，也很討厭洗碗盤。再怎麼用心清掃，家裡還是積滿灰塵；每次吃完飯就會留下一大堆待洗碗盤，我看著洗碗槽裡的餐具，告訴自己明天再洗就好，轉頭躲進被窩裡睡覺。

我真的很討厭那些怎麼做都做不完，而且根本不重要的零碎家事，長期疏於打掃的結果，讓我的家成為名符其實的垃圾屋。曾經有一段時期家裡地板全被書淹沒，我還蒙騙自己「這下子不打掃也無所謂了」。

我以前住的地方，附近有一棵銀杏樹。每到落葉的季節，住在附近的阿姨都會拿著掃帚掃落葉。那個時候，我完全不明白她為什麼要這麼做。

當時我只想著：「她還真勤勞，每天不厭其煩地掃落葉。這些葉子每天都會掉，兩天掃一次不是比較省事嗎？或是累積一週再掃，也不用那麼辛苦。」

現在我能理解那位阿姨的想法。她掃的不是落葉，而是嫌麻煩的「自己」。

物品越少，家事越輕鬆

以前我認為自己是一個天性怠惰、意志薄弱的人，我的「個性」就是怕麻煩。我是個男人，不會做瑣碎的家事也情有可原。

但現在的我完全變了。每天早上出門前我一定會用吸塵器吸地板，淋浴時也會趁機打掃浴室，所以我的浴室隨時都很乾淨。每次一吃完飯就洗碗，換下的髒衣服也會在堆積如山之前丟進洗衣機洗，曬衣服的時候還會連隔壁鄰居的陽臺一起擦乾淨。

這些行為與怕麻煩的「個性」背道而馳，事實上，我改變的不是個性，只是減物而已。家中物品愈少，家事就愈簡單。

養成打掃習慣

古希臘哲學家亞里斯多德曾說：「每天重覆的行為造就了我們，卓越不是一個行為，而是一種習慣。」

勤於打掃、維持整潔居家環境的必要條件，並非每次不厭其煩地打掃的堅強「意志」，鼓勵自己付諸行動的意志力終究會消失。因此你要倚靠的不是「意志」，只要養成打掃的「習慣」即可。無須提起勁，而是自然而然地去做，這就是習慣。

養成習慣的「犒賞」

「犒賞」是讓一個人養成習慣的重要關鍵。此處所說的「犒賞」，指的是小小的成就感。以打掃為例，變乾淨的房間給人的舒暢感就是犒賞。發現自己成功擺脫阻礙行動的藉口和耽於逸樂的誘惑，獲得「我終於能戰勝自己、控制自己」的體會也是一種犒賞。減少雜物，打掃起來自然省時輕鬆，這也是犒賞。幾次下來人就會喜歡打掃，養成打掃的習慣。這個道理放諸在任何家事都適用。

想要養成打掃習慣，就必須降低打掃難度，簡化打掃過程。減少家中雜物，即可能簡化打掃過程。

減少家中雜物，讓打掃簡單三倍

以前住在垃圾屋時，我認為一個月吸一次地板就夠了。處理掉大量雜物後，我只在週末打掃。現在，我每天早上都吸地板。我還是以前的我，只是因為東西變少，打掃起來變簡單，才養成打掃的習慣。

家中雜物變少後，打掃起來真的很輕鬆。各位不妨想像如果家裡放了一個貓頭鷹造型木雕擺設品，擦地板時你必須這麼做：

1 移開貓頭鷹擺設品
2 擦拭空出來的地面
3 將貓頭鷹擺設品放回原位

如果沒有那個擺設品，你只須這麼做：

1 擦地板

一個步驟就完成，輕鬆又簡單！整個過程簡化成三分之一，花費的時間更低於三分之一。不僅如此，也省下了擦拭結構複雜的貓頭鷹擺設品的步驟。各位想想，若家裡有三、四個，甚至十個、二十個擺設品時，結果將會如何？

喚醒物品的「返巢本能」

我已經體會過「空無一物」的空間有多舒適，所以每次只要拿出一樣東西，用完後我就會立刻整理。吹風機用完就收起來，要用時再拿出來。

以前我曾經聽緩莉舞說，她家裡的遙控器（包括電視遙控器在內）都是要用時才拿出來，當時我覺得很不可思議，不了解她為什麼要做這麼麻煩的事情？但現在我跟她做相同的事情，一點也不覺得麻煩。養成習慣之後，拿取與收拾物品就不是兩個動作，而是連結在一起的前後行為。我自己將這樣的行為稱作「取收」。

剛開始騎自行車時，每個人都會刻意提醒自己去騎，久而久之，無須提醒自己，我們自然就會跨上自行車出門。

同樣的，現在的我無須刻意提醒自己整理收拾，感覺像是物品自己會回巢一樣。我不是在整理物品，而是喚醒物品的「返巢本能」。

小房子的喜悅

二〇一五年春天，我從二十五平方公尺的房子搬到二十平方公尺的家。換句話說，我減掉了五平方公尺的打掃空間。打掃起來更簡單、迅速。

我想住在小房子裡，二十平方公尺的家對我來說還是稍嫌大了一點。小房子不僅打掃起來很開心，也很愉快。相信未來我絕對不會想用機器人吸塵器，或請別人來打掃，我想要親自享受這麼快樂的事情，這樣的快樂不是金錢能取代的。

灰塵與污垢都來自自己

常聽人說「打掃就是磨練自己」，這句話說得一點也沒錯。累積在家中的不是灰塵與污垢，而是放任灰塵與污垢入侵的「自己」。累積的灰塵與污垢都來自於「自己沒做該做的事」。儘管不喜歡灰塵與污垢，但一般人更不想面對置之不理的「自己」。面對事實真的很殘酷。但只要減少家中雜物，簡化打掃過程，自然就能養成打掃習慣。當每天看到的都是「做好該做的事的自己」，你就會喜歡自己，產生自信。

不要怕麻煩

打掃空蕩蕩的房間，就像是用嗶嗶槌消滅每天出現的史萊姆（知名電玩遊戲《勇者鬥惡龍》裡的怪獸）。不僅簡單、輕鬆，更充滿樂趣。打掃結束後，還能獲得「舒適」的經驗值與犒賞。

若長期放任史萊姆不管，史萊姆就會變身成黏膩的泡沫史萊姆，或是合體變成國王史萊姆。到了這個地步，嗶嗶槌就派不上用場，必須使用強力掃除用具「羅德之劍」才行。鏖戰到後來，即使贏了這場戰役，累積的經驗值跟每天消滅史萊姆一樣。因為「嫌麻煩」而不做，每天放任史萊姆增生，到最後就必須與國王史萊姆對決。這個局面真的很難處理，請務必避開這樣的結果。

改變環境，你會更愛自己

有些人會說自己不修邊幅、怕麻煩，甚至以不拘小節才是大男人來搪塞自己不做家事的理由，事實上，做家事真的很有趣。

你要改變的不是「個性」，而是「環境」。減少家中雜物，讓家事與日常生活變得簡單、輕鬆。正因為簡單輕鬆，當自己做得好，很容易產生自信，擊退嫌麻煩、討厭做家事的自己，確實感受「控制」自我的感覺。

每天早起，悠閒地吃早餐、打掃家裡、洗完衣服後再出門上班，與睡到最後一刻才起床，匆忙出門，到公司後處理工作的幹勁截然不同。過著規律生活就能充滿自信、更愛自己。當一個人愛自己，可以輕鬆挑戰其他事物，因為生活能讓人改變。

回歸日常就是幸福

這個現象最常出現在年輕族群之中，現代年輕人不斷被外界灌輸自己是「獨一無二且無可取代的存在」，所以一定要特立獨行、成就偉業。久而久之便形成「成為領導精英」的強迫觀念。過去的我也一直這麼想，對於一事無成的自己感到又急又氣。

丟掉家中雜物後，我的觀念改變了，我認為人不需要成就偉業，也不需要領導眾人。只要每天做好日常家事就能愛上自己，內心充滿喜悅。

當家中空無一物，家事就會變得很簡單，輕鬆做完家事後，還能悠閒地到附近散步，我認為這樣的生活是每個人最想要的寶物。在公園池畔欣賞正在理毛的鴨子。鴨子每天只顧著理毛，並不想成為一隻超級鴨子。鴨子無須汲汲營營於累積工作成績，也不用對其他鴨子逢迎諂媚。牠只要每天游泳、理毛，好好生活就夠了。人也是一樣，這樣就夠了。

減少家中雜物後，我也從日常生活中獲得了無比的充實感。生活變得愈來愈快樂。

感受自由，獲得解放

唯有失去一切，
才能放手去做自己想做的事。

——泰勒．德頓《鬥陣俱樂部》

12 things that
changed because
I decluttered

無須搬家！

我認為小鳥之所以能自由自在、隨心所欲地在空中飛翔，是因為鳥巢裡的擺設十分簡單，沒有任何雜物。

自由自在的小鳥與過去的我正好相反，我明明一個人住，卻在廚房放了一個很大的餐具櫃；有一段期間我愛上攝影，還在家裡設置暗房；走廊放著大型書櫃，堆放大量書籍。當時我就在想，如果有機會搬新家，我一定要找一個放得下這些家具，還有足夠收納空間，可以因應未來增加的物品，最重要的是，能充分發揮大尺寸電視和家庭劇院功能的房子。偶爾興起搬家念頭，上網找房子，卻發現完全找不到符合理想條件，我又負擔得起的物件。每次一想到搬家要打包這麼多東西，搬過去之後還要一一就定位，便覺得工程浩大，立刻澆熄了搬家的欲望。

相隔十年後，我從中目黑搬到距離不遠的不動前，整個搬家過程只花了一個半小時，包括打包行李（我沒用任何紙箱）、從舊家到新家的移動時間、拆封行李且放在固定位置，不只輕鬆又很省時。

說走就走的自由

下次搬家，我要選擇小一點的房子。目前的居住空間有二十平方公尺，對我來說稍嫌大了一些。我要向知名作家多明妮克・洛羅看齊，住在十二平方公尺的小屋裡。我喜歡小房子，幸運的是，房子愈小，房租愈便宜。我無須再受到各種條件限制，不用去管要多少收納空間才夠放東西，也不用在意客廳多大，我只要一點時間就能搬完家。減少家中雜物後，我擁有了說走就走、想搬就搬的自由。

自由的新居住型態

因應時代潮流，這幾年日本出現許多對於居住空間的新思維，包括住在自己建造的小房子（高村又也出書提倡、只花十萬日圓蓋房子住的《B生活》）裡過著「小屋生活」；坂口恭平推廣「行動屋」，打造有輪子的家，以及日本網路媒體YADOKARI「未來居住型態會議」推行的「小屋生活運動」。日本民眾不用再像上一代一樣，花三十五年付房貸，只為擁有一個安身立命的「房子」。

根據統計，日本全國的空屋率將在二〇四〇年達到百分之四十。從地震預測報告來看，日本遲早會遭遇規律發生的週期性地震。居住在打了地基、固定在土地上的房子裡，居住風險將逐年升高。基於上述原因，日本各界無不重新思考居住空間，嘗試各種不同的居住型態，他們的共通點就是不再執著於有地基的房子，也不再拘泥可以放下許多家具或用品的大空間。

生活物品較少的極簡主義者可輕鬆選擇各種居住型態。我最感興趣的不是新「文化」，而是全新的「居住型態」與「生活方式」。這個趨勢未來將加速發展，成為今後的主流。

極簡生活費用與工作自由

簡單來說，極簡生活費用指的是維持生活的最低花費。我認為每個人都要確實掌握房租、伙食費、水電費、手機費等維持生活最基本的必要花費。

我目前住在東京的不動前，房租是六萬七千日圓。我一定要用 iPhone，平時自己開伙，每天帶便當上班。以我的生活模式來說，每個月實拿十萬日圓的薪水就能過得很輕鬆。想看書就到圖書館，想出門就到公園散步，生活也能過得很充實。

老後生活也不擔心

徹底實踐極簡主義能讓人不再比較。基本上，只要丟掉多餘的自我意識，不要執著自己的虛榮心、不用羨慕雜誌裡介紹的生活、無須在意別人的眼光，到處都能找到月入十萬日圓的工作。關於這一點，之後的篇章詳細說明。

現在的我一點都不擔心自己晚年的生活。我樂觀地想，老了之後只要從事月薪十萬日圓的工作就好了。很多工作只要有網路就能完成，搬到極簡生活費用更低的國外生活也很棒。

為了維持自己的生活水準，強迫自己待在怪異的職場中耗損自己的能量，甚至工作到幾乎想自殺的程度，根本是本末倒置。減少家中雜物，降低極簡生活費用，就能解放自己，獲得自由。極簡主義者不受限於工作型態，擁有充分的工作自由。

解放自我

以前的我認為擁有大量書籍、DVD與CD才能表達「自我」，相信許多人也跟當時的我一樣，認為自己擁有的物品代表「自我」。若是丟掉如此珍貴的寶物，就像從身上割一塊肉，正因如此，才丟不掉自己喜歡的東西。不過，在丟掉代表「自我」的書籍、DVD與CD時，我深深感受到無可言喻的解放感。

以前的我自認是電影迷，每週要看五、六部電影。我認為身為電影迷竟然沒看受歡迎的電影，是一件很可恥的事情，而且我也想向朋友炫耀自己看了很多電影，跟朋友聊到電影就會說：「這部電影我看過了，那部我也看過了，喔，對了，我好想看那一部喔！」現在的我依舊喜歡看電影，但過去我只是執著於「喜歡電影的自己」這個身分。我現在不重視電影數量，只看自己認為必看的作品。我再也不需要「電影迷」

這個身分，我要成為一個「只看必看電影」的人。

卸下電影迷的身分後，現在跟朋友聊天，聽到自己沒看過的電影時，就會問對方「那是什麼作品？」、「多說一些給我聽」。以前的我認為問這些問題很丟臉。

正因為喜歡，才會將自己投射在物品上。丟掉那些東西，就能從束縛自己的「自我意識」中解放，獲得真正的自由。

丟掉自己喜歡的DVD，從此只看自己覺得必看的作品，再也無須每個禮拜強迫自己看多部電影，也無須為了學習而去看電影。遇到自己真心想看的電影，再走入電影院即可。

這樣的生活真快樂啊！

擺脫貪欲的自由

成為極簡主義者後，可以杜絕社會上充斥的各種資訊，讓自己更自由。精心設計各種橋段、大聲喧鬧的廣告標語已與自己無關，我再也無須羨慕報章雜誌爭相報導的名流富豪。生活中擺脫了裝飾得美輪美奐的百貨公司櫥窗、商店集點卡、高功能新商品與興建中的新房子，讓我能更自在愉快地走在街上。

誠如我在第二章所說的，一旦開始追求物欲，東西就會愈來愈多，無論怎麼買都不滿足，於是更加執著於物欲。

這種感覺就像一隻愈吃愈餓的貪食怪物。在美國印地安人的古老傳說中，有一隻食人怪物，名為「溫迪哥」。溫迪哥擁有無窮欲望，它不只吃人，連那個人的人生也會一起吃掉，因此這種怪物又被視為一種人類的心病。

我已經擁有我「需要」的所有東西，物質無虞。若放任自己的欲望無限延伸，就會成長到無法自控的程度。過去的我可說是物欲的集合體，每天只看到自己欠缺的東西，這樣的生活真的很痛苦。

我沒有想要的東西，這種感覺真好。

不再與他人比較

當你知道自己什麼也不缺，
你與世界便合為一體。

——老子

12 things that
changed because
I decluttered

「比較」讓人不幸

「人」總認為鄰居家的草皮比較綠，事實上，「草皮本身」根本不在乎鄰居家的草皮是綠色的還是青色的，純粹是屋主（人）自己耿耿於懷。為了不讓鄰居家的草皮專美於前，於是買來化學塗料，將自己家的草皮塗成鮮綠色。如此還不滿足，最後將草皮塗成黑色，反而破壞了美麗的草皮。

我教各位一個可以瞬間讓自己變不幸的方法，那就是與他人比較。

以前我曾經眼睜睜看著自己喜歡的女性嫁給收入很高的男性，我拿自己與對方相較，覺得自己真沒出息。一直告訴自己原來我就是這一點不好，難怪她要嫁給別人……現在回想起來，自己欠缺的根本就不是那些東西。

看著與自己同年齡的人有傑出表現，便覺得自己很愚昧，一點用也沒有。上社群網路，看別人過著幸福快樂的生活，也很容易與自己的生活互相對照。看到路上行人開心談笑，更忍不住暗自感嘆自己的孤獨。

「比較」無極限

人難免會跟別人比較，問題在於真的要比，永遠比不完。

假設有個人在新成立的電子商務公司工作，他看到公司前輩精明幹練的模樣，忍不住拿自己跟他比較；那位前輩則是與創立新興公司的老闆比較；公司老闆會跟更大型的一流企業經營者比較；一流企業經營者則會與比爾．蓋茲比較。此時問題來了，比爾．蓋茲要跟誰比較呢？或許是年輕時的自己，也可能是前途無量，即將開創燦爛人生，在新興公司任職的無名小卒。

到處都有比自己優秀的人才

與別人比較的最大問題在於，無論走到哪兒都會遇到比自己優秀的人才。人外有人，天外有天，不管你多有錢、多帥或多美，都有人比你更好。就算你成為國民偶像團體的成員，與好萊塢明星強尼．戴普或布萊德．彼特一比，也會瞬間黯然失色。好不容易實現從小的夢想，成為一名足球員，但若一直拿自己跟梅西相比，永遠不會幸福。即使抵達某個領域的巔峰，還是會忍不住與其他領域的人相較。

丟掉家中雜物之後，我再也不與別人比較。以前的我覺得住在比別人寒酸的房子裡很丟臉，而且很羨慕想買什麼就買什麼的人。現在的我早已不再與其他人相較，成功擺脫負面情緒。

「經驗」無法比較

我在第二章說過，人是一種習慣的動物。物品帶給我們的幸福，絕對不會比經驗長久。花十萬日圓購買的大衣，每穿一次興奮感就會遞減。不過，若花十萬日圓與朋友一起出國旅行，每次回想起來就會感到無比興奮。

對人類來說，物質比經驗更容易拿出來比較，因此很容易將錢花在購物上，而非投資在幸福持續時間較長的經驗上。美國心理學家索妮亞．柳波莫斯基曾說：「包包可以讓我們輕鬆地與別人相較。」從價格可以立刻分辨出包包的價值，若是知名品牌，由於價格一查就知道，因此更容易拿來比較。

另一方面，若是拿自己上的瑜珈課與別人打的高爾夫球比較，或是以自己在河邊釣魚的經驗，與別人登山的經驗相比，就需要極大的想像力才能理出頭緒。

「經驗」很難分出高下，「物質」則是一眼就能看出優劣。因此，從容易比較的「物質」較容易確立「自我價值」。

話說回來，經驗的幸福持續時間較長，若為了與他人比較而去購物，不如提高行動力，累積種種經驗，較能擁有豐富充實的收穫。加上經驗很難拿來與別人比較，因此無須追求獨特經驗，日常的生活經驗便已足夠。

「不比較」的滿足

與他人比較跟追求物欲一樣永無止盡，雖然我現在寫書，但我如果一直想與比自己優秀的大作家寫的書比較，相信我一定一個字也寫不出來。這個世界上到處都有比自己優秀的人，拿自己與對方相較，再認為自己差人一截，夢想永遠無法實現。

我現在擁有的物品都不是因為「想」與別人比較而購買，是基於自己「需要」、親自挑選的用品，絕對不是用來炫耀或是讓別人模仿的。

成為一名知道自己要什麼的極簡主義者，生活重心就不是與「別人」比較，而是專注於「自己」的成長。

我已經擁有所有我需要的，物質無虞。因此，我再也不需要與別人相較。

不害怕他人目光

只有你在意自己的臉。

——岸見一郎・古賀史健《被討厭的勇氣》

12 things that changed because I decluttered

活出自我

四處翻找剩飯殘羹，獨自走在看不見盡頭的夜路上，這就是流浪貓的生活。即使如此，流浪貓從不自殺。牠們不在乎別人的眼光，不以自己為恥。接受別人的施捨維生，只要不去管別人怎麼想，就能好好地活下去。

將家中物品減至最少，我的外出服也跟著變少。就像賈伯斯和馬克．祖克柏一樣穿著簡單，每次都穿同一款衣服。他們認為花時間選衣服穿很浪費時間，不如將挑選衣服的時間運用在創造新事物上。只要像我在第三章說的「以制服的概念搭配私底下的服裝」，就能輕鬆實踐衣服的極簡主義，省下來的時間更重要。

活出自信

極簡穿著也會順帶影響其他事情，由於自己選的都是穿不膩的衣服，因此無須擔心自己是不是落伍了。由於不穿奇裝異服，我也無須擔心這件衣服穿起來好不好看，更無須害怕別人的批評。更棒的是，我再也不羨慕別人穿著昂貴的衣服，或覺得自己穿便宜的衣服很丟臉。換句話說，我不再在意別人的眼光。

一般人走進精品店都會感到緊張，試想如果每天穿相同造型的賈伯斯走進COMME des GARÇONS，他還會擔心自己的穿著嗎？

服裝搭配改走極簡路線之後，我愈來愈不在意別人對自己的感覺與看法。過去的我太自以為是，每次走在路上總是忍不住想「別人會不會覺得我很丟臉？」、「別人會怎麼評論我？」事實上，這一切都是自己想太多。

我們永遠不知道別人在想什麼

一般人不太會獨自一人走進燒肉店，因為自己一個人坐在桌邊烤肉，總是會忍不住想，店員和其他客人會不會覺得自己很有勇氣，敢一個人吃烤肉，或是覺得一個人好可憐。或許真的有人會這麼想，可是評論的時間不超過十秒，最多不會超過三十秒。會一個人去餐廳吃烤肉的人只看見自己，假設這一餐吃了兩個小時，他很容易認為別人討論他討論了兩個小時。事實上，如果你站在其他客人的角度想，你會發現他們根本不在乎別人如何。套用一開頭引用的名言：「只有你在意自己一個人吃烤肉。」

我想說的是沒有人知道「別人在想什麼」。就算你認為別人看到自己一個人吃烤肉一定會覺得自己很孤單，你也無法證實這一點。就算你跑去逼問其他客人：「你剛剛一定覺得我一個人吃烤肉很可憐吧？」別人只會回答：「不，我沒有這麼想。」如果你還繼續追問：「我有證據可以證明，你剛剛明明看著我竊笑！」對方也可能是因為別的原因覺得好笑，只是眼睛剛好掃過你這邊而已。他或許真的認為你很可憐，但也很可能從沒這麼想過。因為沒有人能證明「別人內心的想法」。

執著於無法證明的事情純粹是浪費時間。害怕別人的眼光，不去挑戰自己想做的事真的很可惜。如果你想自己一個人去餐廳吃烤肉，請務必付諸行動。所有人都只在乎自己，因此沒有人會在意你想做什麼。

丟掉滿足虛榮心的東西

不瞞各位，我以前很不喜歡「電子書」。我喜歡紙本書，不只翻頁速度快，還能享受紙張的溫度，欣賞精心設計的裝禎方式，更不傷害眼睛。

不過，我之所以不喜歡電子書的原因，並非它沒有紙張特有的魅力，而是它「沒辦法堆成書山」。家裡的書都是因為自己喜歡而收集的，但不可否認的，有一部分原因是希望別人認為我是一個充滿好奇心、有深度的人。

我希望透過堆積如山的書籍，向其他人傳達「自我價值」。為了達成這個目的，我需要「讀完後可以堆成書山」的紙本書。

當紙本書一字排開，任何人都能一目了然讀過的書籍數量。這一點與電子書截然不同，無論你擁有多少電子書或看過幾千本電子書，別人只知道你正在看手邊的那一本而已。

家裡的書山都是想著「總有一天」要看，就這麼堆在書架上好幾年沒碰的結果。將這些從未看過的書籍全部丟掉，才能專心閱讀「現在」最感興趣的作品。有趣的是，丟掉書後，我看的書比以前還多。丟掉舊書，我也開始接觸不同領域的書籍。放手才能擁抱新事物。

丟掉無謂的自我意識和自尊

我很喜歡拍照，也具備拍照的大小知識。我之前還在廚房設了一間暗房，用來沖洗彩色照片。不僅如此，我還收藏美麗的古董相機，不斷在拍賣網站競標專業相機，買來後一張照片也沒拍，就這麼放在家裡裝飾。

家裡有一堆相機卻沒用過，全都變成裝飾品，那些不過是用來跟別人說「我有很多相機」的證據而已。對我來說，我只是利用「相機」向別人宣傳我是一個相機迷、我很有品味，藉此建立自我價值。後來我透過拍賣代理網站，將所有相機，連同防潮箱一起賣掉了。

丟掉為了滿足自己的虛榮心而買的所有物品後，我再也不在乎別人的眼光。過去的我希望別人認為自己擁有某項特質，但現在我拋開了箝制自己的不正常自我意識，也擺脫希望別人注意自己的浮誇自尊。

丟掉家中雜物也讓我丟掉多餘的自我意識，以及無謂的自尊。

我想將自己的新家打造成「極簡主義者的樣品屋」，像住宅展示場一樣，若你想了解極簡主義者的生活，或想參考其他極簡主義者的家，隨時都能到我家參觀。我目前住在東京的不動前，各位如果有機會到附近，歡迎與我聯絡。想找碴的也很歡迎。我家已經蛻變成隨時隨地都能對外開放的整潔房屋，就連背包和錢包也能大方公開內容物。

無論我做了什麼，都不會覺得丟臉。今後我只做自己想做的事情。

凡事變得積極主動

你的行動
或許微不足道，
但去做才是最重要的。

——甘地

12 things that
changed because
I decluttered

原本超級內向的自己蛻變了

現在我擁有充裕的時間，不再與別人相較，也不在乎別人眼光。每天做家事、處理雜務，我也喜歡自己。想做的事情也變多了。再也沒有任何事物可以阻攔我，啟動極簡主義者的良好循環。從小漩渦開始的良好循環會慢慢畫出一個大圓。

我以前很在意別人眼光，什麼事也不敢做，現在的我挑戰了以下的新鮮事：

- 第一次嘗試潛水（幾年前就想去學潛水，一直拖到現在）。
- 養成打坐習慣（第一次參加小池龍之介的打坐課程覺得很緊張）。
- 報名參加健身房的瑜珈課（我的身體很僵硬，以前很怕被笑）。
- 打電話給自己想見的人，約出來見面（即使是名人也會出來見面）。
- 參加全國各地舉辦的極簡主義者網聚（每次參加都很開心）。

●自己主辦極簡主義者網聚（我以前很怕生，這是很大的突破……）。
●與網友成為現實生活中的好朋友（全國各地都有我的好朋友）。
●成立網站（以前認為愛表現自己的人很糟糕）。
●開始玩推特（以前覺得玩推特的人……）。
●搬離住了十年的房子（這次搬家花了三十分鐘，下次我打算只花二十分鐘）。
●強勢地向心儀對象表白，成功交往（以前的自己絕對做不到）。
●最棒的是寫了一本書（以前的我一定會說：別想了，太丟臉了！）。

雖然交往對象後來狠狠甩了我，但我安慰自己，一定是因為我還沒貫徹極簡主義，交往期間我太在乎對方的想法。

今後我要在什麼也沒有的家裡努力學習英文，我也想去嘗試自己從沒想過的衝浪、登山等戶外娛樂，還打算考取機車駕照。過去的我是足不出戶的宅男，現在竟然有這些規劃，我一定是發燒了吧？也很可能是被不知名的外星人綁架，植入晶片。

不，都不是，改變的原因在於我丟掉了家中雜物。

與其「不做後悔」，我選擇「做了後悔」

嘗試某件事不幸失敗，最後「後悔自己做了那件事」，與沒有付諸行動，「後悔自己沒做那件事」相較，後者較能留下深刻記憶。這在心理學上稱為「齊加尼克效應」，係指「人們對於未達成或未完成的事情，比已完成的事情更能留下印象。」

相信每個人都曾經錯過自己的心儀對象，對於自己沒表白感到後悔（我只有這種後悔經驗），就會一輩子記著這件事。如果你覺得因害怕而不敢挑戰，比沒挑戰還更令人感到後悔，那代表你不在乎成功或失敗，你認為「去做的人才是真正的贏家」。

不做比做了更讓人後悔。對我來說，出書可能是我「做了會後悔」的事，但如果不去做，我一定會更後悔，所以我很慶幸自己完成了這件事。

極簡主義者都是樂觀派！

要是有人對你說：「你想舉行婚禮嗎？那就請你準備三百萬日圓。你想生兩個小孩？一個小孩的教養育費大概要兩千萬日圓，這個部分也要準備一下。如果你想度過穩定的晚年生活，還要請你存下三千萬日圓。喔，對了，我差點忘了說，還要準備兩百萬日圓舉行你的告別式喔！」一般人聽完一定會立刻罹患憂鬱症。如果對方抓住你的弱點加以利用，接著說：「嗯，你的存款遠遠不夠……沒關係，我們想辦法增加存款就好，我知道一個很棒的投資……」再怎麼小心謹慎的人都很容易上鉤。

這些錢全都是「為了滿足他人眼光」而花費的錢，全部用來滿足自己的虛榮心，維持基本生活的必要費用根本花不了多少錢。如果我說的話沒道理，那些貧窮國家的人又是如何結婚生子。

極簡生活費用就能讓一切事物更加簡單。當我知道我只要這些錢就能過活、我只要這些東西就夠了，接下來就能選擇更具挑戰性的工作。極簡主義者不會失去任何「東西」，所以做任何事都很樂觀。

不為追求物質冒險

希望年紀增長依然能維持一定的生活品質，不想丟掉現有物品，最好的方法就是維持現狀。一般人不會冒險選擇需要丟棄重要事物的生活，為了維持生活品質，保有自己擁有的一切，許多人被迫從事自己不想做的工作。大家常說：「為了餬口、為了生活，我們一定要忍耐。」可是絕大多數的「餬口」、「生活」都披著物質與虛榮心的外衣，換句話說，只是為了展現自己最好的一面。各位千萬不要人云亦云，一定要確實檢視自己的現況。

當你沒有雜物纏身，想去哪就去哪。
當你不再在意他人眼光，就不怕失敗，可以盡情挑戰。
當你丟掉雜物，就能降低極簡生活費用，變得更積極樂觀。
過去的我成天煩惱同一件事，即使有想做的事也不敢去做，待在家裡評估優缺點。想去某個地方，卻花一整天搜尋怎麼去比較快，最後找累了就躺在床上。現在的我只要想做某件事就會立刻去做，完全不管效率好壞。開始動筆寫這本書之前，我也是繞了好遠的路才真正寫下第一個字。想要儘早抵達目的地，立刻出發就對了！

誰也偷不走、奪不去你的「經驗」

最重要的是，從行動中獲得的「經驗」與「物質」不同，經驗不會成為貸款的擔保品，別人也無法從你身上偷走。任何事物都可能被奪取，唯有「經驗」無法剝奪。

物品是身外之物，經驗存在於你的內心，隨時隨地跟著你。無論遭遇過多少事情，最後都能得到寶貴的經驗。

專注力提升，貫徹自我

做什麼很重要，
但什麼都不做也同樣重要。

——賈伯斯

12 things that
changed because
I decluttered

物品發出的「沉默訊息」

為什麼減物能提高我們的注意力？

因為東西不是默默地放在那裡，所有物品都會發出訊息，閒置在一旁的物品發出的訊息愈強。

如果你家裡放著學到一半的英語教材，它會對你說：「……你看起來很閒嘛！差不多也該來學英文了吧？」如果你家裡有壞掉的燈泡，它會對你說：「你又忘了買新燈泡，這麼簡單的事也做不好……。」如果你家中水槽堆滿髒碗盤，它會對你說：「你又來了……我再也不會對你有任何期待了。」

平時使用的物品也會對你說話，電視說：「之前錄的節目你有好多沒看，還有你差不多該擦一下灰塵了吧？」電腦說：「我好想要一個朋友作伴，我想要印表機……算了，當我什麼也沒說。」沐浴乳說：「哎呀！我快用完了！」床單說：「百忙之中不好意思打擾你，可以讓我洗個澡嗎？」

任何物品都希望主人呵護愛惜，它們正等著你正視它們，接收它們發出的訊息。

家事有如沉默的待辦事項

當家中雜物愈囤愈多，要做的事也愈來愈多，我將這稱為「沉默的待辦事項」。物品不會說話，指使我們去做事。我們身邊也沒有主管督促我們完成家事。但如果置之不理，待辦事項就會愈積愈多。

人類的身體構造還停留在五萬年前的狀態，同時湧入過多指令就很容易當機，動彈不得。我認為當人面臨超過負荷的待辦事項，或明明有更重要的事要辦，卻受到各種瑣事阻攔無法處理時，就會覺得麻煩而不想處理。

重要物品要小心呵護

常聽人說辦公桌髒亂的人工作效率一定不好，我認為原因在於收到名片時沒有確實整理、應該歸檔或丟棄的文件資料也沒有立即處理，諸如此類的事情經過日積月累，辦公桌便會埋沒在堆積如山的待辦事項中，使人無法專心工作。每次還要花時間找東西，拖延到最後更無法處理重要業務。真正重要的工作也淹沒在大量雜物中，讓人不知該從哪樣工作開始做起。到了這個地步，無論做什麼事都會嫌麻煩，失去信心，累積極大壓力。於是開始滑手機、上社群網站逃避工作，陷入惡性循環裡。

雜物愈少，它所發出的「沉默訊息」自然也會減少。我們不再為大量訊息煩惱，大腦也無須耗費心力回覆雜物發出的訊息（例如大腦說：「我累了，讓我休息一下」、雜物回覆：「我知道了，我晚一點再發訊息給你」）。

減少雜物可提高專注力的原因便在此，大腦無須再接收雜物發出的多餘訊息，就算接收到訊息也能立刻處理，不會堆積如山。

減少物品數量可減少「沉默的待辦事項」，讓人著手處理重要事物。家中雜物變少之後，我更能專心往更好的目標邁進。

✍梅西的極簡主義

想要專心做好重要目標，必須徹底減少非重要事務。根據第一章的定義，極簡主義者是為了最重要的人生目標而減物的人。足球明星梅西正是代表人物。

梅西是FC巴塞隆納的超級球星，每場比賽的平均跑動距離相當少。以一般職業足球員來說，每場比賽平均要跑十公里，但梅西只跑八公里。每次看他比賽，會看到他穿梭球場的模樣。有趣的是，有人統計他不只回防時不跑，進攻時也很少衝刺。

梅西之所以成為全球第一的足球選手，是因為他能精準掌握決勝關鍵，奮力進攻，以最快的速度甩開對手，這一點就連對足球不熟悉的我也了然於胸。他唯一在意的就是「得分」。除了得分之外，其他事物全都屏除（減少），只專注在最重要的事情上。將體力留在重要的得分關鍵，其他時間盡量不跑。

完美無缺的極簡主義者——賈伯斯

已故的蘋果創辦人賈伯斯之所以是一位極簡主義者，原因不只是他每次都穿同樣的衣服，減少衣服款式，也不只是在研發產品時，減少多餘的設計與構造，更因為他對任何事物都努力減少各種干擾的態度。

凡是賈伯斯參與的會議，出席人數一定會減至最低。若遇到不必要的人出席會議，他也會不留情面，當場跟對方說：「你不需要參加這場會議，謝謝你。」催促對方離開。賈伯斯做任何決策時，只希望跟極少數的頂尖人才一起決定。

蘋果公司「重視創意勝過程序」，賈伯斯的做法也是如此。當設計師提出一個創新概念，若還要與行銷部、廣告部、業務部、資材部等部門討論磨合，原本的創新就會在這個過程中消耗殆盡，變成一個平凡無奇的普通想法。由於這個緣故，許多汽車製造商會在國際車展發表全新設計，但這些設計永遠不會做成商品。冗長的跨部門磨合過程正是賈伯斯最唾棄的事情，因此將它捨棄（減少），研發時直接跳過這個過程。

賈伯斯認為審核章蓋得愈多，創意就會愈來愈無趣，實現速度也愈慢。

賈伯斯回鍋後做的第一件事

賈伯斯對於設計師提出的眾多創意「只會選一個」，既然最好只有一個，為什麼還需要兩個、三個？

賈伯斯一度離開蘋果，回鍋後他首先處理的就是將塵封已久的書籍和舊機器全部捐贈給博物館。換句話說，他做的第一件事就是減少公司雜物。

賈伯斯想將所有心力用來「研發改變世界的商品」，因此徹底屏除其他不重要的事物。他最重視的不是「做了什麼」，而是「不做什麼」。賈伯斯可說是完美無缺的極簡主義者，也是「最會運用減法」的人。

專注的「心流」創造幸福

心理學家齊克森・米哈里曾經針對「專注」創造的幸福進行研究，他將專注狀態稱為「心流」。當一個人專心處理某件事，不只會忘記時間，也能暫時忘卻心中的煩惱。當精神更加專注，還能拋開自我意識。隨著時間過去，內心開始湧現充實感，體會活著的快樂。

忘卻時間與自我，專心處理複雜的事情，就很容易進入心流。關鍵在於「隨著時間過去，內心開始湧現充實感」。無論多專注忘我，若在結束時感到後悔，不知道自己剛剛做了什麼，這種打發時間的娛樂不能算是心流。

齊克森・米哈里以演奏音樂為例解釋心流。沒人能看見心流，但是當一個人處於「心流」狀態時，可以達到忘卻時間與自我的境界，因此一定感覺得到。感覺得到「心流」的人可以進一步累積幸福。

資訊的極簡主義

人類的大腦與身體從五萬年前便停止進化，若將暴增的資訊全部輸入人類這個老舊的硬體中強迫運作，就會不斷出現當機症狀。儘管我們是數位原生世代，也無法搭載過多硬碟，或安裝高功能記憶體。

減少雜物即可減少接受物品發出的訊息，用在物質上的記憶體容量也能降低，讓大腦快速運作。「資訊」也是同樣的道理。這一節我將與各位聊一聊減少資訊這件事。幫助各位了解什麼是資訊的極簡主義。

拒絕垃圾資訊

有一種情報稱為「垃圾資訊」，包括網路新聞等毫無價值的訊息，乍看之下好像很有趣，但看完就忘掉，純粹用來打發時間的無意義資訊。當一個人一味追求垃圾資訊，就會罹患「資訊代謝症候群」。根據實驗結果，接觸過多資訊的人智力會降低，跟吸大麻相同。

問題不在於如何獲得暴增的資訊，而是如何保持距離，如何「減少多餘的資訊」。現代社會中，每天都會增加大量資訊。擁有智慧型手機的人，相信都曾下意識地打開手機收電子郵件，開網路瀏覽器上網，或是打一整天遊戲。想要改善問題，唯有減少接收的資訊才是首要課題。

減少「網路關聯」

過度倚賴社群網路造成的「社群媒體疲勞症候群」是目前亟待解決的問題，無論你身在何處，外界都能與你聯絡，這樣的現象使人感到緊繃，帶來不少負面影響。日本作家米田智彥在其著作《最好的數位排毒法》中介紹的範例十分有趣，有些飯店推出「數位排毒專案」，在客人辦理入住手續時，幫客人保管智慧型手機與筆電。有的酒吧則是在入口處沒收消費者的手機，讓到此消費的客人可以專心喝啤酒、與朋友聊天。福斯汽車禁止主管在深夜與清晨發電子郵件給員工；戴姆勒公司引進全新的電子郵件系統，凡是寄給休假員工的信都會自動刪除。公司重視員工的私生活，因此避免員工在上班以外的時間收到電子郵件。

冥想．打坐．瑜珈，專注內在

許多極簡主義者都有冥想、打坐或做瑜珈的習慣，其實這是很自然的結果。減少物品數量就能避免外在事物干擾自己的內在意識，讓意識專注自我內在。

過去的我一直認為，冥想是一種充滿詭異的靈能氣氛，很不正常的行為。後來參加小池龍之介的打坐課程，發現效果真的很好，才養成打坐冥想的習慣。

即使處於冥想狀態，腦中還是會出現各種想法，自我意識不斷跳躍，此時就要靠呼吸努力集中意識，進入專注狀態。冥想可以提升日常生活的專注力，讓我們清楚掌握自我意識的變化過程。對我來說，打坐與冥想就像是「系統重灌」一樣，具有高度的破壞力。

知名企業谷歌與臉書也很熱中禪與冥想。谷歌不只舉辦冥想講座，更在公司裡打造步行冥想用的迷宮。若失去冥想、打坐、瑜珈等幫助自己內省的時間，自我將被淹沒在過度的資訊噪音中。

透過極簡主義「回歸自我」

自從開始實踐極簡主義後，原本籠罩在腦中的陰霾逐漸一掃而空。過去的我像是一直在唸教育學系一樣，看書只看名作，只關心大家喜歡的事物。效法偉人，或跟著曾經待在偉人身邊工作的偉大批評論家學習。世界上有無數的偉大物品，卻都不是自己選出來的。

我們學到的知識都不是自己思考出來的，所以需要時也無法派上用場。沒有消化吸收的知識，就算要談論也說不出個所以然，只能努力理解對方說的話，假裝自己善於傾聽。擔心對方認為自己很笨，所以絕不主動開口。這種情形已慢慢在改變。

簡化家中物品之後，也會主動簡化資訊。過去很感興趣的無聊新聞、八卦，自己喜歡看的搞笑節目，現在通通不想看。也不再到處說別人做的東西，或發生在其他人身上的事情。我不再相信別人說的話，只信任自己內心的聲音。這就是「回歸自我」。

當一個人認為最美好的事物已經出現，便覺得自己沒有錦上添花的機會。過度在意別人的眼光就會害怕失敗，即使是自己想到的好點子，也會因為沒自信而不敢付諸行動。

我曾經想像自己的體內還有另一個自己，但在社會生存的過程中遭遇無數打擊，讓那個自我愈來愈小。全身傷痕累累、極度萎縮的我，好不容易才重新振作。

這個世界上有比別人說的話更重要的事情，
那就是即使跌跌撞撞也要付諸行動。

勤儉節約，實踐環保生活

這個世上既然有那麼多會賺錢的聰明人，
當然就有欲望無限的傻瓜。

——吉爾伯特・基思・卻斯特頓

12 things that
changed because
I decluttered

簡單生活的七大好處

許多極簡主義者將節約視為一大目標，不可諱言的，今後最重要的不是別人架設的安全網，而是自己鋪設的保護網。成為極簡主義者不只可以省下不少花費，還能幫助自己存錢。

1 東西很少，不需要很大的房子，花在家裡的生活開支自然就少。

2 賣掉收藏品可以轉換成現金。

3 買東西時會認真思考，不再浪費，也不會隨便浪費。

4 現有物品已經能滿足自己，對於物質的欲望愈來愈淡薄。

5 壓力變少，為了宣洩壓力去吃東西或購物的行為也跟著消失。

6 不再在意別人眼光，也不會花過多的錢舉辦婚禮或告別式，養兒育女時也能確實運用每一分錢。

7 將極簡主義運用在工作上，將能獲得更大的成就與回報。

我將家中物品減至最少後，現在住的房子比以前還小。我從二十五平方公尺的舊家搬到二十平方公尺的新家，房租也省下了兩萬日圓。若將這兩萬日圓存起來，我的存款將會愈來愈多。

下一次我想住更小的房子，我只留下必要的衣服，每天穿同樣的衣服就夠了。只要東西沒壞，就沒必要買新的。此外，我現在沒有任何壓力，不需要為了宣洩壓力買酒來喝。我內心充滿感謝，不用吃昂貴美食，在家吃一般家常菜就覺得很滿足。

Q 極簡主義者愈來愈多，是否會影響日本經濟？

或許有些讀者對於我的觀念有些反感，擔心未來愈來愈多人物欲淡泊，會對日本經濟帶來不良影響。事實上，極簡主義並非如此單純。極簡主義者之中，有些人不在乎使用什麼樣的物品，也有人講究品質、喜歡購物。以盤子為例，有的人注重性價比，到百圓商店購買即可；有的人追求生活質感，堅持使用專業師傅手工打造的精美器皿。換句話說，有人追求功能，有人注重品質，對於自己使用的物品都有各自的想法和堅持。

也有喜歡物品的極簡主義者

擁有的物品數量較少與喜歡物品並不相斥，家中物品較少與花錢買好一點的東西也可兼顧。極簡主義者不是一塊石頭，我也是屬於喜歡物品的人。每次翻閱雜誌，看到一大堆自己「想要」的東西，都覺得很開心。唯一不同的是，我不再因為「想要」而購物。

若再進一步想，如果日本的極簡主義者中也出了一位像賈伯斯那樣的完美典範，各位覺得會有什麼結果？說不定日本也能出現媲美蘋果公司的卓越企業！

我認為錢應該花在「經驗」與「人」上，而非拿來買東西。享受旅行、接觸大自然的經驗，才是最佳的花錢之道。將錢花在交通上，出門去見自己想見的親友。透過群眾募資網站，我可以資助自己覺得有趣的企劃。每次聽說有人在摸索全新的生活型態，我也會與對方見面，贊助金錢。

極簡主義是有效節約的方法，不過，並非如此單純。原本我們將大部分的錢用來買「東西」滿足自己的欲望，但現在將錢運用在「經驗」與「人」，以及創造新概念的投資上。極簡主義改變了我的花錢方式。

不只如此，如果有人想研發能讓人類更充實的商品」，我也會想花錢贊助。基本上，我不會花錢買拿來炫耀的東西，或是為了表現自我價值而購物。我只將錢用在真正重要的地方，而且重要的定義每個階段都不一樣。

減物也能極簡風

可能是因為丟了太多雜物，最近我也想簡化自己要丟的東西。不過，我並非鼓吹環保，只是因為丟了一大堆雜物後，還是有那麼多東西要丟，讓我覺得不可思議。像我之前都買兩公升裝的瓶裝水，因為不想再丟寶特瓶，於是改用BRITA淨水器。

過去的我一直覺得樂活、深度的環保活動根本是胡鬧，但現在我有不同想法。我買了一盞太陽能燈，白天先放在太陽下充電，晚上只用這盞燈。身邊東西變少後，不只家電產品減少，電費也變便宜了。不知道為什麼，自己用電、用水時都會盡量簡化。當自己的生活中只有「必要」物品，垃圾與使用的能源等「不需要」的各種支出就會跟著減少，生活也會變得更簡單。

地球資源總有用盡的一天。人類討論的地球資源開採年限最多也以一百年為單位，差不多是我們第三代、第四代以後的事情，到那個時候我們早已不在人世，有必要顧慮那麼久以後的世界嗎？我曾經聽別人說，美國印地安人在做決策時，都會考慮第七代以後的後代子孫，因此我們不能只考慮自己，必須連後代子孫的生活一起考慮進去，才是正確且自然的態度。

成為極簡主義者後，使用的地球資源也跟著變少，無須大張旗鼓地說：「我要過環保生活！」自然就能打造環保的生活型態。當物品數量減至最低，只要照常過生活，就能更加輕鬆、環保。

這樣的生活真的很愉快。

身體健康，更安心

桌子與椅子、水果與小提琴，
有了這些，就足以讓人幸福。

——愛因斯坦

12 things that
changed because
I decluttered

極簡主義者會變瘦

我遇過好幾位極簡主義者，沒有一位是胖的。市面上介紹整理術或傳授減物技巧的書籍都說，家中雜物減少後人就會瘦下來」。這個情形也發生在我身上，比起以前住在垃圾屋時，我現在瘦了十公斤。當囤積在家裡的雜物逐漸排出，就能促進氣的流動，身體自然瘦下來。接著我將具體說明什麼是「氣的流動」。

丟東西後就會瘦的理由包括以下幾個：發胖純粹是因為吃太多；吃太多是為了宣洩壓力；人在吃東西的時候可以忘卻壓力。

喝酒也是同樣的道理，將身邊物品減到最低限度，人就不會受物品干擾，也無須花費多餘力氣在物品上，自然減輕壓力。不與別人比較就不會覺得自己丟臉，壓力變得更低了。由於我再也不需要靠吃來紓壓，輕鬆就能瘦下來。

認清自己的「食欲」

極簡主義者在丟東西的過程中，會不斷問自己這項物品的意義，久而久之就能認清自己的欲望，進而巧妙控制。想讓家中雜物減至最少，首要關鍵就是只留下「必要」物品。絕對不留因「想要」而買的東西。

物品數量減至最少，可以提升自我「欲望」的認知力，幫助我們清楚判斷什麼是必要的、什麼是需要的。不只是物欲，「食欲」也一樣。我們知道自己吃多少就夠，因此再也不會吃太多。只擁有必要物品，知道「這些就夠了」是什麼感覺，無須暴飲暴食就能覺得滿足。

極簡主義者不會感受到家中雜物充斥的壓力，知道自己的食量，只吃需要且能感到滿足的食物，自然可以瘦下來。

此外，現在很流行「增加活動量減肥法」，這是一種利用日常生活的各種活動，增加熱量消費的減肥方法。如果是房子夠大又喜歡做家事的人，確實可以利用這個方法成功減肥。我常在空無一物的寬敞空間中，假裝自己是棒球員，做出投球動作，藉此增加運動量。

此外，日常使用的隨身物品不只輕便，也方便活動，我經常出門散步。家中雜物減至最低限度就會瘦，聽起來很誇張，但我真的沒騙你。以前的我很胖，現在的我無須擔心代謝症候群上身。

遇到地震頂多撞到頭的人們

許多遊民都住在以紙箱或木頭合板做的房子裡，他們說遇到地震時，這些東西掉下來頂多在頭上撞出一個包，但那些住在堅固房子裡的人可不一樣，要是房子倒了，厚重的建材或家具壓在人身上，後果不堪設想。沒想到遊民也會擔心有殼蝸牛。

二〇一四年五月，東京發生了一起大地震。我當時住在中目黑，震度達四級。過去只要發生地震，我一定會立刻躲進被窩，避免電腦、掛在房子裡的衣服和家中雜物倒下來，壓在我身上。但那個時候我已經處理掉許多雜物，因此地震發生時我沒有任何反應，應該說我根本不需要做什麼，當時我覺得自己很安全。

由於家裡沒有雜物，發生大地震也無須擔心東西會飛過來砸到自己。二〇一一年發生東日本大地震時，我家走廊還有一個大書櫃，大量書籍掉在地上。我住的地區雖然沒有重大災情，但也忍不住擔憂，要是在首都圈發生直下型地震會發生什麼後果？如果書櫃倒下來堵住走廊，很可能逃不出去。那些沉重的相機收藏也可能砸到我的腦袋。我很喜歡書與相機，但這些我最喜歡的物品很可能變成殺人凶器。

根據日本文部科學省的公式計算結果，「未來三十年，南關東地區發生芮氏規模七級地震的機率高達七成」。日本內閣府地震調查研究推廣本部也製作了「地震動預測地圖」，在未來三十年之內，震度六以上的地震發生率超過兩成六的地區皆標示為紅色。我希望各位可以搜尋一下這張地圖，日本的關東地區、東海、關西地區與四國都是紅色的。

全球有兩成的大地震發生在日本

日本的國土面積約占全世界土地面積的百分之零點二五，全球活火山卻有百分之七集中在這裡。更驚人的是，日本發生芮氏規模六以上的地震機率，更占全世界的兩成。換句話說，只要住在日本，遇到地震的機率就比其他國家高出許多。想長住在日本，最好的防震對策就是減少雜物數量，避免造成災情。家中用品愈少，因地震損壞，的東西就愈少。

日本今後還是會發生地震，雖然我鼓勵大家減少家中雜物，但緊急防災用品是唯一的例外，防災裝備是必要物品。

許多人在東日本大地震的海嘯中失去許多東西，不只相簿被沖掉了，所有紀念品也被大水淹沒。各位一定要記取教訓。儘管這不是每個人都做得到，但盡可能將所有回憶掃成電子檔，不僅儲存在硬碟裡，還要備份在Dropbox、Google Drive等雲端硬碟中。如此一來，就算日本再次發生重大災害，你還能保有珍貴回憶。

隨時做好離家準備

無論發生什麼事，只要身體無病無痛，我隨時都能出門。我連搬家也才花三十分鐘，家裡沒有任何貴重物品，日常使用的都是到處買得到的東西，要是不小心丟了也無所謂。

動畫《天空之城》中，海盜朵拉對巴魯說：「給你四十秒準備！」電影《世界大戰》裡，湯姆．克魯斯為了帶著孩子躲避外星人攻擊，對孩子們說：「給你們六十秒準備好！」我不需要這麼久，我的登機箱中隨時放著貴重物品與最低限度的換洗衣物。即使我在睡覺，只要拿出登機箱，不到二十秒就能準備好，離開家中。

減少家中雜物就能降低地震的危險性，最重要的是，不管遇到什麼情形，風險都很低，而且可以立刻出門。這種感覺讓我充滿自信，不再擔憂。

人際關係改變

一個人的價值在於他貢獻了什麼，
而不在於他能得到什麼。

——愛因斯坦

12 things that
changed because
I decluttered

不要把人當物品看

《有些事你不知道，永遠別想往上爬！》系列是我很喜歡的書籍之一，簡單來說，這本書告訴我們人際關係產生問題的原因，也教我們修補關係的方法。

書中常舉這樣的例子，一對年輕夫妻都有自己的工作，平時相當忙碌。有一天先生看到洗好的衣服還沒摺，第一時間覺得太太不摺沒關係，我來摺好了。但下一秒立刻推翻剛剛的想法，決定不摺了（否決前一刻有益別人想法的行為稱為「自我背叛」）。先生背棄了第一時間產生的好意。

接著先生開始這麼想：「我比太太還忙，累死了」、「摺衣服又不是我的工作」、「我摺衣服的次數比太太多」；對太太也產生了以下的抱怨：「生活習慣真差」、「每次幫她做家事，她都不會感謝我」、「娶了一個沒用的老婆」。這位先生背棄了第一時間產生的好意，開始正當化自己不摺衣服的行為，進而抱怨太太，把太太批評得一文不值。

另一方面，太太看見沒摺的衣服，第一時間也想自己摺，但看到在一旁無所事事的先生，又忍不住抱怨了起來……於是展開另一個惡性循環。當彼此都正當化自己的行為，認為錯在對方，人際關係就會產生問題。

這個系列請各位有機會一定要看看，本書的結論之一就是：不要把人當物品看。

人對於每天相處的家人、公司同事、附近鄰居，很容易視為沒有生命的物品。與每天見面的人互動，對方一定會做出自己預料之中的反應，或說出符合對方個性的回答，由於缺乏新鮮感，便將對方視為物品或是具有高度功能性的機器人。當你將人視為物品，自然就會粗魯對待，絲毫不留情面。

當彼此都將對方看成沒有生命的物品，兩人的關係就會僵化，無法改善。因此我們絕對不能將別人視為物品，而是要將對方看成跟自己一樣重要，有欲望、有勞苦、有擔憂、有恐懼的人。不要背棄自己第一時間的好意，多為別人著想，就能改變關係。人不是「物品」，是活生生的「人」。

東西愈少愈能減少吵架機會

在先前舉的例子中，洗好的衣服成為夫妻關係惡化的導火線。如果夫妻倆原本的衣服就少，洗衣服的機會與工作也少，結果又會如何？

減少物品數量後，我變得很喜歡打掃、洗衣服、洗碗盤。過去的我可說是邋遢國大使，但減物之後，立刻愛上做家事。

我今年三十六歲，還是孤家寡人一個。只要能維持現況，住在空無一物的小房子裡，相信我一定能保持愛做家事的習慣。我一直在想如果以後結婚，太太看到我拿著抹布清理家裡，一定會心想：「我老公又在打掃家裡，順便洗滌自己的心靈，真討厭，竟然自己做不叫我！」我是不是想太多了呢？

我採訪過許多極簡主義者，他們告訴我東西減少，吵架機率就少。本書開頭採訪的 Ofumi 夫妻也是一樣，他們丟掉家中雜物後，大幅降低了吵架機率。另一位接受採訪的 Yamasan 說了一段令人玩味的話。之前夫妻倆讓兩個小孩各自擁有自己的房間，但兩個小孩老是因為對方擅自進入自己的房間，或覺得對方房間比自己的好等種種原因吵架。由於吵得太厲害，夫妻倆決定讓兩個小孩睡在同一個房間，沒想到兩人竟然不吵架了。聽說孩子們也認為這樣的安排最好，還向媽媽道謝。

東西愈多，花費在日常家事的心力就會變多。當做家事變成一種壓力，心情便開始煩躁，想責備不出手幫忙的另一半。正因如此，將物品數量減至最少，就算想跟對方吵架，也找不到可以翻的矮桌，或拿起來摔的檯燈，少了發洩對象，自然有助於加深彼此關係。

小房子有利於預防犯罪

大家常說小房子可以預防犯罪。常看電視新聞報導的民宅脅持事件就知道，犯人通常鎖定隔間很多的大房子，將人質隔離在各自的房間裡，不讓彼此見面交談。由此可見，每位家族成員都有自己房間的大房子最危險。日本人通常認為「家裡一定要有小孩房」，這個幻想深植在所有夫妻身上，事實上，在客廳寫功課的小孩很安靜，根本不會像噪音一樣干擾其他人。

與我一起經營網站的沼畑也會與太太吵架，但他們說好吵架時絕對不「躲進房間」。住在小房子裡，與家人發生問題時便無法躲進自己的房間，彼此只能好好面對彼此，共同找出解決方法。一起住在小房子裡的家人，一定會想辦法找出讓所有人都能住得舒適愉快的方法。

雖然小房子乍看之下毫無優點，卻能促進家人之間的關係。小也是有好處的。丟掉多餘雜物，就能住進有利人際關係的小房子。更棒的是，小房子比大房子便宜，這對我來說是再好不過的優點。

親戚電視理論！

與久未謀面的親戚見面時，通常很難找到共通話題，此時電視就能派上用場。只要打開電視，轉到現在最受歡迎的電視節目，大家就能熱烈討論節目內容，拉近彼此關係。我將這樣的現象稱為「親戚電視理論」。

我家沒辦法套用「親戚電視理論」，因為我家只有睡覺與喝茶的功能。家中格局就跟其他人家一樣，而且什麼東西都沒有，客人剛到家裡來時都會感到不自在。他們沒辦法像到其他人家裡一樣，稱讚房子的格局好，或問沙發哪裡買？而且我也沒辦法打開電視，實踐「親戚電視理論」，更沒辦法一起打電動。我只能端出茶來，與對方聊天。

無論是喝茶的人與泡茶的人，心中只有對方，我認為這就是「茶」的本質。我的房間也是一間「茶室」，跟一般日本茶室一樣什麼也沒有，就算沒話說、就算覺得尷尬，也只能硬著頭皮面對彼此。沒有人會因為茶室沒有電視或收音機而生氣，因此會努力尋找共通話題。

婚姻美滿的祕訣

每次造訪極簡主義者的家，在什麼也沒有的家裡聊天，就覺得時間過得很快。在那段時間裡，我可以專心與對方說話。在外面經常可以看見同桌的兩個人在滑自己的手機，不知道他們是在玩手遊，還是上社群網路與朋友聊天。不過，在空無一物的房間裡看不到這樣的情景。當我們好好面對對方，就能改變自己的人際關係。

維繫婚姻生活的祕訣就是「夫妻倆有說不完的話」。根據一項研究結果，婚姻生活美滿的夫妻每週說話時間，比婚姻不幸福的夫妻多出五小時。當兩人將時間花費在雜物上，或為了雜物吵架，關在房間裡獨自生悶氣，自然就沒有時間說話了。

每個人都是「平凡人」

減少家中雜物後，我改變了對自己的認知。由於我什麼也沒有，每天就是穿著普通的衣服，在家附近散步，是一個平凡不過的「人」。我就跟什麼也沒有、每天在池塘裡游水的鴨子與烏龜一樣。

認為自己是個「平凡人」，會連帶改變看別人的眼光。對於擁有財富、精品、才華的人，再也不會感到忌妒；也不會藐視家徒四壁的人。過去的想法完全改變了。

即使遇到坐擁大量精品的人，或身懷卓越才華的人，也不會感到自卑，可以「平常心」對待。另一方面，遇到物欲淡薄的人，也不會斥責對方「你要對自己負責」或「努力不夠」。擁有不代表厲害，沒有也不代表失敗。每個人都是「平凡人」，你是平凡人，對方也一樣，你只要抱持平常心與他相處即可。當你這麼想，自然就能改變人際關係。

不再以擁有的物品多寡來評斷一個人，將每個人視為平凡人，如此一來，無論你面對誰，都不會感到自卑。

朋友多也是一種煩惱

我認識一位男性，他在工作上經常關照我，不僅每天帶著親切笑容，渾身上下也充滿魅力。據他跟我說，他的慶生會有一百位朋友出席。而且因為他愛喝紅酒，所以朋友們都帶紅酒出席派對。

我的朋友很少，聽他這麼說我真的很羨慕。舉辦慶生會，所有喜歡自己的朋友都會出席獻上祝福。有這麼多朋友，相信他一定很少感到孤獨，遭遇問題時一定也有許多朋友出手相助。

話說回來，我認識的那位友人，差不多每三天就要參加朋友的慶生會。有一百位朋友就代表有一百場慶生會，若這些都是自己的好朋友，確實每三天就要參加一次派對，生活真是忙碌啊！

極簡的人際關係讓人自在

有句話精準道出一個人需要的朋友數量：「人的一生只要有『三個』朋友或重要夥伴就夠了。」只要有三個了解彼此，可長久相處的好朋友，就算每個週末只見一位好朋友，也能度過充實的一個月。

極簡的人際關係真的很棒。很多人認為廣交善緣、建立人脈對自己才有利，但朋友數量過多的結果，會讓人無法真心對待每一位朋友，這根本是本末倒置的做法。極簡主義者每天愛惜使用自己擁有的少量物品，雖然東西不多，但每一樣都帶給他充分的滿足感。東西少不代表無法獲得滿足。

交遊廣闊或許可以拿來炫耀，但朋友太多會讓人無法珍惜每一位朋友。可有可無的朋友，沒辦法說心裡話的朋友，不妨全部割捨。就像重要物品會回頭一樣，如果其中有真心相待的朋友，他一定會回到你身邊，你需要的人際關係也一定能修復。

分享才是真正的幸福

《荒野生存》是一部由真實故事改編的電影，描述一位從小生長在富裕家庭，以優秀成績從大學畢業的年輕人，拒絕活在物質主義之中，拋開所有人際關係，獨自一人前往阿拉斯加過著原始生活。主角最後不幸身亡，留下一句：「分享才能帶來真正的幸福。」劇中主角克里斯多夫．麥肯迪尼斯以他的一生讓我明白，即使擺脫生活雜物與物質主義，一個人還是無法生存下去。

全球第一長壽島的祕密

誠如克里斯多夫．麥肯迪尼斯教會我的，擁有分享幸福的人際關係是感到幸福最重要的關鍵。大家都知道，愈幸福的人壽命愈長。美國心理學家艾德．迪安納分析各種調查研究，認為「強烈感受到幸福的人可多活九．四年」。

薩丁尼亞島是位於義大利的美麗小島，島上居民中，年紀超過百歲的人瑞占全體居民的四千分之一，平均壽命為全球平均壽命的二．五倍，可說是全球第一的長壽島。不僅如此，榮登金氏世界紀錄的全球最長壽九兄弟，也是這座島的居民。

該村的村民幾乎都是親戚，彼此都很熟悉，人際關係穩定，生活起來相當輕鬆。家人與親戚都住在附近，隨時可以見面，因此也建立起互信互助的村里關係與慈愛的社群關係，這些都是造就長壽的關鍵。以長壽著稱的日本沖繩自古認為「相逢即兄弟」，因此只要有一面之緣，當地居民都會以「兄弟」相稱。年長者照顧附近的年幼孩童，孕育出富足的人際關係與社群聯繫。

愈幸福的人壽命愈長。只要深入分析長壽者，會發現他們幾乎都擁有富足的人際關係。你無須擁有一百位朋友，有些人甚至沒有親族家人，但許多研究顯示，只要與鄰居頻繁往來，擁有知心好友相伴，就能獲得幸福。

與他人產生共鳴的「鏡像神經元」

宣揚無占有理念的甘地曾經這麼說：「若為一己之樂耽溺物質享受，不如為他人貢獻才能豐富人生。」

即使無法像甘地一樣將自己的終生奉獻給群眾，但幫助別人確實能讓自己感到快樂。當自己幫助別人，看到對方臉上的開心笑容也會感染自己，產生喜悅的心情。但為什麼會有這樣的結果？

科學家透過實驗證實，當一個人奉獻社會，確實能為自己帶來幸福。「鏡像神經元」便是關鍵之一。當我們看到別人受傷或跌倒，自己也會產生「好痛！」的感覺，這正是鏡像神經元運作的結果。鏡像神經元讓我們對別人做的事情產生共鳴，感覺就像是自己做的一樣。

這也是人沉迷於小說、漫畫、連續劇與電影的原因，當主角感到悲傷，自己也會跟著傷心；看到快樂結局，自己也忍不住開心了起來。鏡像神經元讓我們將「情感投射」在故事裡，跟著又悲又喜。總而言之，鏡像神經元的作用就是看到別人笑臉時，自己也會產生相同情緒。人笑己笑，人悲己悲。

為他人付出的幸福

還有另一個生理機制也會讓自己對別人產生共鳴。

假設我們看到一段影片，內容是一群人拼了命拯救被洪水沖進河裡，一息尚存的小孩。光是看到這段影片就足以讓人的內心彭湃洶湧，落下熱淚。受到感動落淚的人並不是因為內心特別「善良」。

「看到」人們互相幫助的場面，能讓大腦分泌「腦內啡」。腦內啡是一種使人產生幸福感的神經傳導物質，因此看到人們互相幫助，能讓人感到幸福。不只透過視覺刺激，自己主動去做也能感到幸福。例如在電車上讓位給年長者或孕婦，看到走在前面的人掉東西，出聲提醒對方等，這些小小的好意能帶給我們無可言喻的滿足感，相信各位都曾有類似的經驗。正因為大腦分泌了讓我們感到幸福的物質，我們才有這樣的感受。

總而言之，每個人天生內建了透過與別人產生共鳴，或對他人示好等行為感到幸福的應用程式。人類是群居生活的社會性動物，正因如此，我們被設計成「為他人付出可以感到幸福」的模式。從這項事實來看，分辨「善」與「偽善」一點意義也沒有。因為幫助別人就是幫助自己，就算是為了自己幫助他人，結果也與「我為人人」一樣，沒有任何區別。

減少家中雜物，就能改變自己的人際關係。

家中空無一物也不會影響產生人幸福感。

活在當下

過去、現在與未來的區別
不過是純粹的幻想。

——愛因斯坦

12 things that
changed because
I decluttered

未來無法預想！

這一路我丟了不少雜物，很多都是我認為「哪一天」可能會用到的東西，於是我連預想中的未來（哪一天）都丟了。丟了之後，意想不到的事情發生了。我開始不去思考未來的事情，拉下鐵門，阻斷與未來的聯繫，不預想未來計畫。我不過是丟了多餘雜物，為什麼會呢？

過去的我跟現在完全不同，以前我很擔心未來，我覺得自己選擇了被稱為「夕陽產業」的出版工作。身為一位編輯，我成就不了什麼大事，工作範圍也很狹隘，一不小心就會丟了飯碗。我已經三十六歲，這個年紀轉行真的很難……不僅如此，我既沒結婚，也沒小孩，更沒什麼知心好友，等待我的是孤老終死的結局……未來於我只有無止盡的不安。

♧只做今天該做的事

現在回想起來，過去的我根本失去理智。戴爾．卡內基的著作《如何停止憂慮開創人生》中有一句話：「不髒的盤子不要洗。」我很喜歡這句話。今天只要洗今天該洗的碗盤即可，若去預想清洗明天、後天甚至未來一年的碗盤，所有人都會心生排斥、感到焦慮不安，到最後連今天的碗盤都不想洗。未來可能發生的失業、結婚、生子、年老罹病、孤老終死等種種情景，都是現在這一刻還沒弄髒的未來盤子。

丟東西教會我一件很重要的事，「未來有一天」可能用到的東西，只要等時候到了再擁有即可。若丟了之後覺得很不方便，或發現原來那是自己需要的東西，到時再買即可。

我的確很可能失業，也很可能孤老終死。但現在的我清楚知道，等我面臨失業或孤老終死等問題時再煩惱即可。愛因斯坦說：「為什麼要責備自己？反正到時候一定會有人跳出來指正，現在就算了吧！」沒錯，時候到時再自責就可以。

專注眼前的「現在」

每次丟東西時，我都會不斷地問：我「現在」需不需要這樣東西？持續詢問「現在」的需求，打消「過去」的存在，不知不覺間，我懂得如何建立符合「現在」的觀點。每天只洗當天弄髒的盤子，不預想未來的事情，讓心情更輕鬆，專注於眼前的這一刻。

丟掉「過去」

不僅如此，我丟掉了所有「過去」需要的東西。不斷詢問自己「現在」的需求，久而久之就能淘汰過去覺得珍貴的事物，或以前很想要的物品，還能捨棄以前覺得可以表現自我的東西。我沒有多餘雜物，回歸一個單純的人，就連可以表達自我風格的物品也沒有。以前我覺得自己個性陰鬱、內向保守，丟東西讓我丟掉「過去」那個討厭的自己，擺脫錯誤的執著。

丟掉自己以為「有一天」需要的東西，以及「過去」認為需要的物品，只留下「現在」。丟東西讓我更能專注於當下。

人只能體驗「現在」

人類是唯一會預測未來的動物。不過，就像我在第二章所說的，我們只能預測幾秒鐘後的未來，例如五秒後是否可以躲過敵人的威脅，該往哪裡走才能成功抓到獵物等，人類可以精準預測這類極短時間反應的原始本能。即使可以想像拿到 iPhone 下一秒的心情，也無法正確預測一年後看到 iPhone 會有什麼感覺。

大家都認為未來可以預測，因此需要周延計畫。當我們做好準備，便覺得未來是可以預測的。遺憾的是，這個世界上沒有任何人可以「體驗」未來。以前我覺得自己可以體驗五秒後的感覺，於是閉上雙眼靜靜等待五秒……

五秒後，我發現自己體驗到的是過去已經體驗過的「現在」。未來是無法體驗的。沒有人能將過去的經驗當成現在的經驗，回想起來還是那麼歷歷在目。能閃過我們腦中的，只剩大腦編輯過的重點事件。如果有人能像現在這樣打開五感體驗過去，建議各位將這樣的能力當成事業發展。

未來與過去並不存在，我們擁有的只有「現在」，能體驗的也只有「現在」這一刻。愛因斯坦說我們無法區別過去、現在與未來，就是這個意思。

享受當下

認為未來可以體驗的人，覺得現在並不重要。他們為了有價值的未來忍耐所有辛勞，成天眉頭深鎖。由於我們能體驗的只有現在，現在眉頭深鎖，未來遇到任何事情都會眉頭深鎖。

人能體驗的只有現在。「現在」正在嘆氣的人，一輩子都會怨天尤人。若想改變現況，一定要從現在這一刻開始改變。明天與下個禮拜都不存在，明天來臨就會變成現在；一年後也會變成現在。我們體驗到的所有時間都是現在。

丟棄許多為了未來貯備的東西，以及過去充分發揮功能的物品之後，我的腦中只有「現在」。

再也不需要擔憂未來，沒有雜物的感覺好輕鬆，無論發生任何事都能想辦法解決。不管過什麼樣的生活，也無須與別人比較。貧窮也好、悲傷也罷，好好感受這一刻。不管面臨任何遭遇，我們只要感受「現在」。

懂得感謝

人有兩種過生活的方法，
一種是當這世上沒有奇蹟，
另一種是將所有事情視為奇蹟。

——愛因斯坦

12 things that
changed because
I decluttered

✿正因為少，才懂得感謝

我要跟各位分享一件不久前才發生的事。我丟了許多雜物後，家裡變得很寬敞。有一天，我像往常一樣躺在床上準備就寢，心中忽然湧現一股異樣的感覺。不知道為什麼，我對於自己現在擁有的物品感到萬分感謝。

這是我在努力追求物欲時從來沒有的感覺，當一個人細數著自己缺少什麼的時候，對於自己擁有的物品就不會感激。更糟的是，我的眼裡只有自己沒有的東西。事實上，這個我以前認為「不夠」的房子裡，有床、有書桌，還有冷氣。我每天在這裡睡得很好，可以沖涼，可以煮飯，可以從事自己的興趣，安穩地度過居家時光。到最後就連可以遮風擋雨的牆壁與天花板，我也萬分感激。

如果我還是像以前一樣囤積大量雜物，一定不可能充滿感謝。我感謝電視機、電視遊樂器、藍光光碟機、家庭劇院和各種遙控器……東西愈少，愈容易心懷感謝。

感謝足以抵抗「厭倦感」

我在第二章說過，人性天生就有從「習慣」邁向「厭倦」的過程，唯一能與其抗衡的就是感謝。唯有感謝能避免我們將現有物品視為一成不變、理所當然的存在。

感謝可以讓我們重新檢視早已「厭倦」的物品，「感謝」生活中有它相伴，以新鮮的感覺看待日常。從感謝看自己的生活，一切理所當然的事物都不再理所當然。感謝可以創造刺激，比購買新商品或在家囤積雜物的刺激更令人安心。

無論買多少新東西，只要心中沒有感謝，很快就會厭倦。相反的，無論家裡有多空，只要心懷感激，少量物品就能讓人滿足。

養成「五觀偈」的感恩習慣

禪宗有所謂的「五觀偈」，在進食前做五種觀想。以現代白話文簡單統整如下：

1 思量食物供給來源（思量食物流通過程，包括食物的培育環境、經由哪些人運送到消費者手上等）。

2 思量自己積多少德、做多少功，足以吃下這些食物而不感到愧疚。

3 不貪不急、心無雜念，專心吃完眼前的食物。

4 吃食不追求美味，而是為了延續生命。

5 以成就自己為念，用心品嘗食物。

這五種觀想的力量很強大，與其去一千次每餐五萬日圓的餐廳，不如每次吃飯時確實貫徹這五種觀想，更能讓內心感到富足滿意。

專注吃飯，感謝上天恩賜食物，用心品嘗食物味道。不僅如此，每次吃飯還能省思自己的行為。

賈伯斯每天早上都會看著鏡子，問自己：「假設今天是你人生中的最後一天，你想完成今天安排的行程嗎？」而且這個習慣維持了三十三年。賈伯斯每天都會檢視自己是否失去自我。吃飯前做五種觀想，就能比賈伯斯更積極檢視自己的日常行為。

我現在已經不追求美食。我很喜歡吃美味料理，好吃的食材也比較安全健康，不過，我不想花很多時間上網搜尋美食部落格。我已經不在乎別人是否覺得好吃，只要對食物心懷感激，無論吃到什麼料理，都能專注吃飯、感謝食物。

感謝不是手段

各位可能到現在才恍然大悟，原來感謝的力量如此強大！各位唸小學上道德課時，老師一定教過感謝的重要性，長大後卻忘得一乾二淨。如今又想起原來「感謝」這個平凡的詞彙如此珍貴，繞了一大圈才突然察覺感謝有多重要。

既然如此，從今天起養成感謝的習慣吧！跟著我一起做吧！想到就立刻表達感謝，千萬不要忘記。

當我心懷感謝之後，有一天接觸到佐藤蜜郎寫的《與神聊天》，令我十分驚訝。因為書裡這麼寫著：「心懷感謝的時刻是最幸福的。」

我不禁回想令人感嘆「好幸福喔！」的場景——入住高級旅館，在寬敞的露天浴池悠閒泡澡。泡完澡後享受一頓好吃到無法言喻的晚餐——當人處於這樣的狀態，就會充滿「感謝之情」。

當人入住高級旅館，享受整潔寬敞的浴池、美味料理與舒適環境，自然湧現感謝的情緒，接著忍不住低喃「好幸福喔」，幸福的情緒交織著滿滿的謝意。

有鑑於此，感謝不是手段。感謝是幸福的一部分，換句話說，「感謝就是幸福」。根據心理學的實驗結果，感謝次數愈多的人愈清楚幸福的感覺，證實了感謝就是幸福的假設。

感謝是一種「正能量」

當我們心懷感謝，代表我們是以「正面看法」看待眼前事物。看到杯子裡裝了一半的水，有人會說「還有半杯水」，也有人說「只剩半杯水」。認為「還有半杯水」的人是以「正面看法」看待這項事實，這就是感謝的本質，也表現出「太好了，杯子裡還有半杯水」的態度。發現不足時不要以負面觀點看待，以「正面看法」看待眼前事物，感覺滿足即為感謝。總而言之，感謝是一種「正能量」。

結合「現在」與「感謝」

誠如我前面提過的，人只能體驗「現在」。過去無法像現在一樣，透過五感如實體現。有些人可能認為未來可以體驗，但我們接觸到的未來其實是「現在」，由此可見，人只能體驗「當下」。人只能感受現在，所有的感覺都是現在。我忍不住想，如果能結合「現在」與「感謝」，以「正面看法」看待眼前事物並心懷感謝，這將會產生什麼結果？

於是我做了一項實驗，讓自己在一分鐘內「感謝現在」。說得具體一點，在實驗期間的一分鐘內，以正面看法看待現在。

我在深夜的大眾餐廳裡。整間餐廳只有我一位客人，感覺好冷清，不過，轉念一想，這間餐廳是為了我才營業到這麼晚；我每天都穿同樣的衣服，不過，轉念一想，這些衣服穿起來很舒服，無論穿多少次還是這麼舒適；店員看起來好嚴肅，不過，轉念一想，他為了服務我，快速地送上料理，還對我說「請慢用」，確實讓我感到溫暖；我坐的這張沙發很普通，一點也不特別，不過，轉念一想，我坐這麼久一點都不會累，真的很棒；飲料菜單千篇一律，不過，轉念一想，我每次都續杯，杯子也都洗得很乾淨；走出大眾餐廳後，看到一對情侶走在前面，好羨慕啊！不過，轉念一想，我也曾擁有過無數的美好回憶。

我正在上班的途中，每天都走相同路線。前方乘客的 Suica 票卡餘額不足，堵住了剪票口，不過，轉念一想，Suica 好用又方便，真是最棒的發明；手扶梯上有兩個人並肩站著，讓人無法從單邊通行，不過，轉念一想，懂得空出一邊讓趕時間的乘客通行，日本人的道德水準真的很高；搭上一輛客滿電車，不過，轉念一想，感謝這裡有這麼多人，讓我知道世上除了我還有別人；今天好熱啊！不過，轉念一想，到公司就有電風扇與冷氣吹；我的薪水好低，不好意思跟別人說，不過，轉念一想，薪水每個月都確實入帳，從未拖欠；今天的工作一成不變，不過，轉念一想，只要認真做就會覺得開心充實；工作上很難配合的客戶又像以前一樣打電話來抱怨，不過，轉念一想，將對方的抱怨當成自己的動力，對方其實也很辛苦；希望公司後進能好好工作，不過，轉念一想，他從不抱怨我的工作，一直在旁協助我；連續好幾天工作到深夜，現在覺得好累，不過，轉念一想，我沒生病，還是能做好自己的工作。

當我這麼做之後，隨時都覺得好幸福。你打算怎麼辦？當一個人像我剛剛舉的例子那樣感謝現在，以正面看法看待當下的所有事物，就會變得正面積極、寬容大度、永不放棄、親切和藹、溫柔體貼，更重要的是感到幸福。「現況」自然就會改變。

第5章

不是「變」幸福，而是「感受」幸福

chapter 5
Don't try to
"become" happy
"feel" happy instead

丟掉「幸福範本」

雖說日本社會包容各種生活型態，但還存在著所有人都應該這麼生活的「幸福範本」：找一份穩定工作、結婚成家、不只雙親健在，還要生兩三個小孩、晚年含飴弄孫，這就是「每個人都該這麼過」的幸福範本。只要達成所有目標就會幸福。

正向心理學（雖然名稱有點可疑，但這是幫助人類尋找新幸福的學問）主張的幸福型態，與「每個人都該這麼過」的幸福範本截然不同。正向心理學最具代表性的學者之一索妮亞·柳波莫斯基認為，人的幸福百分之五十來自遺傳、百分之十來自環境、剩下的百分之四十來自日常行為。百分之十的環境指的是居住場所，不只是房子本身，還包括富有或貧窮、健康或罹病、已婚或離婚等所有要件。

一般認為構成幸福的要件比例大概可分兩大類，一類是百分之九十環境、百分之十左右為遺傳。有這種想法的人都希望今天買樂透能中頭獎，只要有錢就會幸福；另一類則認為百分之九十遺傳、接近百分之十是環境，只要出生在富裕家庭，且擁有出眾外貌，不管百分之十的環境如何，都能獲得幸福。

幸福有一半機率決定於遺傳

科學家曾經做過一項實驗，將同卵雙胞胎分別放在不同環境中養育，結果發現即使是雙胞胎，幸福的「基準點」也不一樣。這項研究結果證實了遺傳占百分之五十指的並不是外貌、運動神經、聰明頭腦等，而是環境造就的幸福基準點。就像每個人的體重都有基準點一樣，無論怎麼減肥，體重就是會維持在基準點附近；幸福也是如此，無論遇到多少好事、遭遇多少不幸，幸福都會維持在當事者的基準點。

構成幸福的百分之五十來自遺傳，這與天生就是美女、帥哥、身材好壞、頭腦聰明或愚鈍是完全不同的事情。小孩在尚未接觸世事前，已經擁有自己的個性，有些小孩從小就喜歡笑，這不是受到任何人事物影響，並非有人故意逗他笑，或是為了得到幸福而笑，而是他出生之後沒忘記與生俱來的笑容。若這樣的小孩在成長過程中沒有失去本性，長大後無論處於任何環境都能微笑看待，積極面對自己的人生。只要有他在，就能帶給身邊的人希望，由此可見，遺傳確實可以為人類帶來「幸福」。

環境的影響力只有一成

話說回來，為什麼環境的影響力只有一成？只要維持最低限度的安全感、食物來源、安穩入睡的地方，比起顛沛流離、居無定所的生活型態，絕對能讓人感到無比幸福。在這樣的基準點下，錢確實可以買到幸福。高出此基準點之後的環境差異，對於幸福的影響便顯得微乎其微。收入、工作、住家、結婚與否、是否有小孩等條件是一般世俗認為強烈影響幸福感的「環境」要因，為什麼比例卻不足一成？這個結果令人不解。

無論多富有或貧窮，無論住在南方島嶼的豪宅，或寒冷北國兩坪出頭的小房子裡，對於幸福感的影響力只有百分之十。原因就在於人的習慣性。在住進南方島嶼的豪宅之前，只能想像住進去後第一天的心情；在住進豪宅之前，絕對無法想像住進一週、習慣環境之後的感覺，也無法預測一年後，厭煩豪宅環境的自己。正因如此，環境的影響力只有一成。

幸與不幸都會讓人習慣

當人達到一生中夢寐以求的成功後，很快就會習慣；同樣的，面臨毀滅人生的不幸遭遇也會很快習慣，不以為意。許多研究顯示，習慣確實會影響幸福感。

遇到重要事件產生的差異，會讓人感到刺激。例如中樂透欣喜若狂，罹患重大疾病或失去自己所愛的人，陷入人生無望的哀傷情緒裡。無論別人看來多幸福或不幸的遭遇，不久之後都會變成當事者的人生經驗，而且接受的速度超乎想像。

從名列前茅的大學畢業，進入優質企業工作，結婚生子，買房子，儲備退休基金，晚年含飴弄孫的人生，是所有人心目中的「幸福範本」。遺憾的是，無論達成多少人生目標，符合多少「幸福範本」的要件，人很快就會習慣，不再感到幸福。

最後要看的是剩下的百分之四十，這個部分可以靠自己的行為改變。一想到人生中有四成可以自己控制，各位不覺得頓時燃起希望嗎？如果行動只能改變百分之十，相信各位可能興趣缺缺，只想躺在家裡發呆。相反的，若行動可以改變九成，各位反而會覺得這個比例過高，根本是胡謅的。我們可以靠自己的行為改變百分之四十的幸福，這個數字不禁讓人充滿勇氣。

無法「變」得幸福

曾經有人對我說：「只要生孩子，我一定能變幸福。」相信許多讀者也是這麼想像幸福的，認為一定要達成某個條件才能「變」幸福。

或許有人認為幸福是一座山，只要成功登上「幸福山」的山頂就能名列「幸福山攻頂者」名單，確保一輩子的幸福。或認為幸福是一場馬拉松大賽，只要參加「幸福馬拉松大賽」，成功抵達終點線，就能獲得一面「幸福」獎牌。我必須老實告訴各位，幸福不是一座山的山頂，也不是長跑的終點線。

正因如此，人無法「變」幸福。就算瞬間感到幸福，也會立刻習慣，將其視為理所當然。購買六億日圓的 toto BIG 運動彩券，若能中獎，那真的是無比幸福。可以立刻辭掉無趣呆板的工作，再也不用擔心未來，還能盡情享受夢寐以求的快樂。中頭彩確實有機會「改變」人生。

容我再次強調，沒有人在中六億頭彩之前，就能精準預測中獎一年後的心情。人會習慣「改變」的人生。認為自己的人生缺乏孩子所以不完整，拼了命地想生小孩，這樣的人也無法精準預測小孩出生三年後，自己的想法。

幸福無法「變」來，並非符合幸福範本就能真正獲得幸福。

❦不是「變」幸福，而是「感受」幸福

人無法變幸福。幸福只能在發生時「感受」。唯有在那一刻、那個瞬間才能「感受」，這就是幸福的真諦。此外，每個人能體驗的永遠都是「現在」。當明天、後天甚至一年後來臨時都是「現在」，因此無法活在當下、感受這瞬間幸福的人，到了明天、後天、一年後，仍舊無法感受幸福。反過來說，從「現在」開始，每個人都能隨時「感受」幸福。

௮幸福取決於心

我在書中介紹許多針對幸福所做的各種心理學研究成果，這些研究用來測量人類幸福感的方法相當簡單：直接問當事者。實驗小組問受試者：「以長遠眼光來看，你滿意自己的人生嗎？」當人覺得幸福，大腦就會分泌神經傳導物質。實驗小組只要檢測神經傳導物質，即可確定受試者是否幸福。不過，就算在檢測的瞬間測量到該物質，也不代表受試者會永遠幸福。實驗小組不可能一輩子跟著受試者，天天檢測他的神經傳導物質。由於這個緣故，幸福屬於自我申報制。

「幸福唯有自己才能解讀」、「幸福不在身外，在於自己的內心」、「幸福取決於心」……我們經常聽到這些與幸福有關的格言，這些格言說的沒錯。誠如我剛說的，幸福屬於自我申報制，無法用科學方法測量。無論別人認為你的狀況有多辛苦，只要你認為「現在的我很幸福」、「我是有福之人」、「我很感謝現在的環境」，你就是幸福的。這就是「日常行為」占百分之四十的原因。

達成條件「變」來的幸福，不是真正的幸福。

幸福只能在當下這一刻「感受」到。

成為極簡主義者後的改變

我將家中雜物減至最少後，才明白「改變百分之四十」的真正意義。不僅如此，我也學會在「當下感受幸福」。既然環境只能影響幸福感百分之十，堆滿雜物的垃圾屋與空無一物的極簡房子，幸福的差異只有百分之十。減少家中雜物之後，我改變了自己的「日常行為」，就是這四成的差異讓我感到幸福。

將所有物品數量減至最少，是最能讓我改變行為的方法。我是在只留下自己需要的物品，去除多餘雜物後，才開始改變「行為」。以前的我覺得自己無法達成「幸福範本」，對自己很失望，而且每天都在想自己沒有的東西，現在回想起來，這樣的我成為極簡主義者，可說是必然的結果。

現在的我比過去更幸福，我的個性很內向，也不會笑，加上沉默寡言，別人不知道我在想什麼，很多人都說我看起來就像機器人一樣冰冷。但是我慢慢在改變。

我沒有多餘雜物，但擁有充裕的時間。每天都能享受生活，能活在這個世界上便覺滿足。我不再與他人比較，自然不會感到自卑。我也不在意他人眼光，想做什麼就做什麼。我變得更加專注，可以專心做好自己的工作。我不再捧著高傲的自尊心，也不再覺得丟臉，可以提起勇氣達成夢想，甚至出書。更棒的是，我學會活在當下，不再被過去束縛，也不對未來感到憂慮。

減少雜物後我學會「感謝」，這是最大的改變。

未來我會繼續感謝「現在」，以「正面看法」看待「當下」的所有事物。

極簡主義不是「目的」，而是「方法」。從極簡主義物中，我領悟許多重要事物。不過，我不認為自己領悟到的事物是成為極簡主義者一定要具備的條件，也不認為領悟許多道理的人應該成為極簡主義者。只要成為極簡主義者後領悟到的重要事物，今後還能繼續堅持下去，就算日後家中物品變多也無須在意。

我跟沼畑共同營運的「Minimal&ism　less is future」網站，蘊藏著將物品數量減至最少（極簡），就能領悟重要事物的意義。極簡主義者是為了最重要的人生目標「減少」物品數量的人。我將雜物減至最低限度後，確實領悟到什麼對我最重要。

我領悟到的重要事物就是「人」。

不只是家人與朋友，不只是外表出眾的人、有才華的人、意見相投或相左的人，今天遇見的所有人都是我存在的目的。

「現在」在我眼前的人才是我存在的「目的」。

結語

極繁主義的謝詞

我要先提醒各位，極簡主義讓我學會感謝，所以結語謝詞走的是極繁主義路線。

首先我要感謝與我一起經營網站的沼畑直樹。我是從他寫的文章第一次接觸到「極簡主義者」這個詞，也開啟了我的極簡主義之路。那天我深受極簡主義者的吸引，與沼畑熱烈交流，令我驚訝的是，我們當天就成立了網站。我一直認為自己不是個主導話語權的人，但在撰寫部落格的過程中，我逐漸愛上這種快樂的感覺，甚至還出了一本書。極簡主義也讓我認識許多好友，我真的很榮幸。

接著，我要感謝我任職的公司 WANI BOOKS。我在 WANI BOOKS 擔任編輯，當我想要出書，出版社非但沒有阻止我，還同意了我的想法，真的很感謝公司的寬容大度。如果我是老闆，我一定會說「你要出自己的書？你傻了嗎？你不想活啦？」我相信大家一定也會這麼想。換作是規模更大的大公司，我一定連說都不敢說。

我要感謝同意我出書的橫內社長；讓這個額外企劃順利進行的書籍編輯部青柳主編；還有本身生活在雜物堆裡，依舊在我身邊默默守候的照片編輯部一坊寺主編，他是我的直屬主管。謝謝編輯部所有同仁，全力支援這一年來腦中只有這本書的我，真的很感謝。

負責我的企劃並好幾次問我「住在什麼都沒有的房子裡有什麼樂趣？」的櫻井，以及所有業務部同仁，謝謝你們提供許多意見。希望本書大賣！接著感謝好幾次幫我估價的大塚與所有管理部同仁，還有宣傳部同仁，希望這本書能賣得好，成為你們手邊的長銷作品。由於這本書也會出電子書，還請數位事業部同仁多多幫忙。接著還要拜託會計部同仁，麻煩準時幫我請款。對了，還要謝謝總務部同仁。其他部門同仁也經常以溫暖眼光守護我，包容我的所有請求，而且還鼓勵我，期待我的書問世。我真的很開心。

我是一位編輯，屬於業內人士，我很清楚一本書的誕生需要經過許多人之手，才能送到讀者手上。感謝幫忙印刷的凸版印刷、幫忙裝訂的National製本、幫忙排版的ALEX、幫忙校正的東京出版Service Center、每次都幫忙運送厚重書籍的太陽商事，謝謝你們。我還要拜託長期合作的通路商與書店，今後還請多多指教！

我要感謝賈伯斯與蘋果公司。多虧有極簡主義者賈伯斯研發的iPhone與MacBook Air，讓我丟掉許多東西，我現在不管到哪裡都能寫稿。還要感謝Microsoft的Word幫助我寫稿，感謝Trees2應用程式幫我整合構想。謝謝Dropbox，我可以放心儲存自己的原稿。謝謝所有科技的開發者，讓我無須擁有太多東西也能活得很自在。

我習慣到大眾餐廳寫書，有一段時間在Jonathan's目黑店，進入倒數階段時則轉移到目黑不動前店，每次都待到很晚才回家，真的很抱歉。我搬家的原因，有一半是因為那裡有Jonathan's。此外，我要感謝東京都中央圖書館，那裡的美麗庭園，我每天都會經過。看著在庭園池塘悠閒游泳的鴨子和烏龜，牠們給了我許多靈感。

在這段期間我認識了許多極簡主義者，我一直擔心如果書上介紹的改變只發生在我身上，那就無法啟發更多人。我認識的極簡主義者都很親切，臉上都散發光彩。減物後每個人變得積極開朗，展現正面效果。謝謝爽快答應接受採訪的極簡主義者，這本書的內容純粹是我的個人意見，但各位給了我很大的刺激。每位極簡主義者都是我的朋友，希望還有機會相聚。我特地鼓起勇氣出席了肘先生主辦的「極簡主義者京都網聚」，這對我來說是很重要的一大步。那次的網聚再次改變了我。

雖然還沒有機會見面，但我要感謝協助宣傳本書的極簡主義者們。極簡主義愈普及，獲得自由與幸福的人就會愈多。

感謝設計師桑山慧人的神手，在百忙之中迅速完成出色作品。由於桑山工作速度真的很快，連帶也提升了我的工作效率，到現在還依舊影響著我。謝謝妳當時那麼快速地完成我的書。

謝謝本書編輯村上峻亮。我自己也是編輯，從沒想過會有編輯負責我的工作。雖然合作過程中也有辛苦的地方，但我很慶幸自己沒有一手包辦。要是全部由我一個人做，我現在一定早就逃亡了。寫稿的時候不時懷疑自己，覺得這一切或許都是我的妄想，這種稿子怎麼能感動人？我想起個性嚴肅的村上曾跟我說稿子內容很有趣，還稱讚了兩次，讓我充滿信心。同樣身為編輯，我很感謝村上對於細節的堅持。很抱歉拖稿了，真的謝謝你。

謝謝幫我宣傳本書的朋友、家人與親戚，也謝謝你們大方地表達感想。有件事我要向各位道歉，各位送給我的禮物我全部丟掉了，真的很抱歉。丟掉前我全部拍成照片存檔，回想起當初收到禮物的喜悅感，抱持著感謝的心情，丟掉充滿心意的禮物。收到禮物時我感受到很大的幸福，丟掉時又再次重溫了幸福，真的很謝謝你們。

感謝所有讀者，謝謝你們閱讀本書。書中的內容都是我減少雜物後產生的想法，如有隻字片語感動各位，將是我最大的榮幸。書中或許也有錯誤的地方，歡迎各位來信指正。如有任何想法，也歡迎隨時寫信給我。有興趣的人歡迎來我家玩，我家可說是「極簡主義者的樣品屋」，跟日本茶室一樣，只能請各位喝茶，還請多多包涵。

最後我要感謝已故的父親和健在的母親。多謝他們「不強迫、讓孩子發展自主性」的教育方針，造就了我自由的寫作風格。從小到大，他們從來沒有干涉我。謝謝我的父母。

我要以接下來的這句話為本書結尾，這是節錄自詩人魯米的詩：

「於是　我沉默了　期待你主動開口」

rule 55

五十五項減物法則！

01　捨棄「無法丟東西」的刻板印象

02　丟棄是一項「技術」

03　丟棄不是「失去」而是「收穫」

04　找出無法丟東西的原因

05　你並非「無法丟東西」，只是「討厭丟東西」而已

06　在有限的時間裡做真正重要的事

07　從「現在」開始！丟棄就是一切

08　丟了之後絕不後悔

09　先從垃圾開始丟

10　同樣的東西超過兩個以上也要丟掉

11　丟掉一整年沒用的東西

12　丟掉虛榮品

13　分辨「需要」和「想要」

14　拍下自己丟不掉的物品

15　利用數位產品記錄回憶

16　不要幫「雜物」同居人付房租

17　丟掉「收納」、「整理」的念頭

18　首先要丟的是「收納用品」

rule 55

19 家中死角更要維持淨空

20 丟掉永遠不會來的「總有一天」

21 丟掉「過去」的執著

22 丟掉「早已遺忘」的東西

23 不要發揮無謂的「創造力」

24 丟掉「回本」的念頭

25 丟掉「庫存」

26 感受「怦然心動」的感覺

27 利用拍賣代理網站處理雜物

28 利用拍賣網站再度檢視

29 善用到府收貨服務

30 不要一直想著購買時的價格

31 所有商店都是你的「倉庫」

32 整座城市都是你的「居家空間」

33 丟掉不熱愛的雜物

34 丟掉不想再買第二次的東西

35 丟掉禮物才是上策

36 站在往生者的立場著想

37 減物後更珍惜留下來的物品

38　斬斷雜物的「連鎖」效應！

39　丟掉所有收藏品

40　別人有就向別人借

41　租得到的物品就用租的

42　在網路公開自己丟掉的雜物與房間狀況

43　生活從零開始

44　丟掉「假設」

45　丟掉顏色鮮艷的物品

46　買一件新物，丟一件舊物

47　「協和號效應」&「沉沒成本」

48　承認失敗，當作花錢買經驗

49　將買來的東西當成「借來的」

50　不因便宜而買，不因免費而拿

51　「煩惱」該不該丟時就要丟掉

52　真正必要的物品一定會回來

53　表達感謝後丟掉

54　消耗內心能量的雜物

55　丟了才不會忘記

rule 15

十五項進階版減物法則！

01　令人滿足的不是物品「數量」！

02　以制服的概念搭配私底下的服裝

03　東西愈少愈有個性

04　想了五次要丟的東西，請立刻丟掉

05「測試」自己是否真的需要

06　一點點的「不方便」讓人快樂

07　怦然心動的物品也要丟掉！

08　趁健康時整理生前遺物

09　減少雜物，不會減損自我風采

10　顛覆物品的使用常識！

11　不要想太多，儘管放手去丟！

12　不與人比較

13「減物癖」與「囤物癖」是同一種病

14　極簡主義是一種方法，也是揭開未來人生的序幕

15　極簡主義沒有正確答案

● 國家圖書館出版品預行編目資料

我決定簡單的生活:從斷捨離到極簡主義,丟東西後改變我的12件事! / 佐佐木典士作. -- 初版. -- 臺北市 : 三采文化, 2016.01
面； 公分. -- (Mind map ; 110)
ISBN 978-986-342-522-9(平裝)
1.修身 2.生活指導

192.1 104025484

suncolor 三采文化集團

Mind Map **110**

我決定簡單的生活

從斷捨離到極簡主義，丟東西後改變我的12件事！

作者	佐佐木典士
譯者	游韻馨
副總編輯	鄭微宣
日文編輯	李媁婷
美術編輯	徐珮綺
行銷企劃	劉哲均
內頁排版	中原造像股份有限公司
發行人	張輝明
總編輯	曾雅青
發行所	三采文化股份有限公司
地址	台北市內湖區瑞光路513 巷33號8F
傳訊	TEL:8797-1234 FAX:8797-1688
網址	www.suncolor.com.tw
郵政劃撥	帳號：14319060 戶名：三采文化股份有限公司
初版發行	2016年1月22日
21刷	2021年3月 5 日
定價	NT$320

suncolor

suncolor